► 8 大肌群×60 種專業級項目

阻力訓練分析全書
THE TRAINING ANATOMY *advanced!*

監修的話

　　日本是全球首屈一指的長壽大國，大眾都十分關注日本人到底如何活出健康又高品質的生活，好奇怎樣才能「健康地生活」，延長健康壽命。為了延長健康壽命，必須定期進行阻力訓練，保持日常生活的活動性。為此維持肌肉量增加可說是必不可少的。因此，學習與阻力訓練相關的肌肉知識，十分重要。

　　人體有400條以上的骨骼肌，「肌力訓練解剖學」系列從當中挑選了較為大型、可以進行阻力訓練的肌肉，從解剖學的角度介紹各種訓練方法。第1冊的內容以基礎訓練方法為主，是我向東京大學名譽教授石井直方先生，以及「World Wing」領頭人物的小山裕史先生取經而來。第2冊的本書則邀請到豐島悟先生執筆，介紹利用先進設備的應用項目以及徒手訓練等內容。由豐島悟先生擔任教練的客製化健身課程，一個月可開設達100堂以上；此外，他更榮獲2019年日本級別選手權男子健美錦標賽60kg組別的冠軍。

　　本書針對各個應用項目中應用到的肌肉，均搭配有助視覺理解的CG插圖及真人照片，CG插圖中更以不同顏色標示出主動肌及協同肌。如果能清楚理解每個訓練項目的目標鍛鍊肌肉及關節活動方式等，並加以實踐，才是有效的肌力訓練。特別是對於學員和指導教練而言，找出訓練項目中不擅長的動作或是判斷弱點，並理解背後的原因，是非常重要的。

　　本書的宗旨為「從科學及解剖學角度解說重量訓練項目的動作」，也是肌力訓練解剖學系列的第2冊。至今為止，市場上有非常多重量訓練相關書籍出版，卻甚少從「機能解剖學」角度出發進行分析。本書即為「名為肌肉訓練解剖學的軟體」的說明書。希望透過本書，能有助於各位了解各種重量訓練項目中該如何正確地運用自身肌肉。

　　為了讓不具有解剖學專業的一般民眾也能簡單理解，本書盡力把內容寫得淺

顯易懂。此外價格也十分親民，不管是剛開始訓練的新手或學生運動員，都能輕鬆入手，尺寸亦十分便於攜帶。

在此，謹向勞苦功高的專案負責人──株式會社BELLz的吉田真人先生表達由衷感謝。此外也要借此機會，對在賽季中抽空撰寫本書、我的摯友豐島悟選手，還有他的太太荻尾由香選手，表達最深的謝意。

最後，催生本書的BASEBALL MAGAZINE社的朝岡秀樹先生，以及這次在編輯方面付出極大心力的株式會社PUSH UP的藤本かずまさ先生，十分感謝您們的幫忙。

2020年11月

　　　　　　學校法人 大阪滋慶學園 大阪醫療福祉專門學校　山口典孝

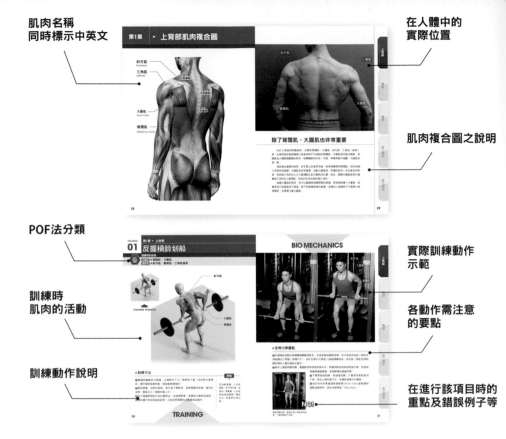

肌肉名稱
同時標示中英文

在人體中的
實際位置

肌肉複合圖之說明

POF法分類

實際訓練動作
示範

訓練時
肌肉的活動

各動作需注意
的要點

訓練動作說明

在進行該項目時的
重點及錯誤例子等

視覺學習主動肌及協同肌的構造／機制與運作

　　本書描繪的CG插圖，分別展示了訓練中肌肉放鬆及收縮時的狀態，同時說明各項目的①強化的肌肉②訓練方法③One Point 生物力學④重點及錯誤例子等，一邊確認肌肉的構造及運作，一邊學習肌力訓練。希望各位能夠意識到解剖生理學中十分複雜的骨骼肌，其實在我們日常生活的肌力訓練中便會接觸到。

　　第1冊《肌力訓練解剖學（筋力トレーニング解剖学）》（BASEBALL MAGAZINE社），同樣介紹了各種認識骨骼肌的基本知識，包含肌肉名稱、構造及其主要作用，並全部搭配CG肌肉插圖，以便在訓練時能清楚觀察肌肉的形狀及走行線。

　　另外，本書亦推薦使用號稱增肌效果顯著的訓練法──「POF法」。第9章中會有詳細介紹，簡單來說，POF法把關節的可動區域分為mid-range（中間位置）、contract（收縮）及stretch（伸展）三類，是一種把對各個關節施加最大負荷的項目組合在一起的訓練方法。本書對各項目進行分類，供各位設計健身菜單時參考。

　　本書亦網羅了最近在健身房愈來愈流行的嶄新項目。無論是健身愛好者、健身教練或男子健體及女子比基尼運動員等參加健體競技的專業人士，若以本書為參考進行訓練，相信能有效加深對於有用的健身項目之認識。另外，本書亦能提供對肌肉解剖生理學及生物力學有所理解的醫療從業人員作為參考指南。

CONTENTS

109 第5章 肱三頭肌

▶ 肱三頭肌 triceps brachii

序章

肌肉學基礎知識

text by Noritaka Yamaguchi

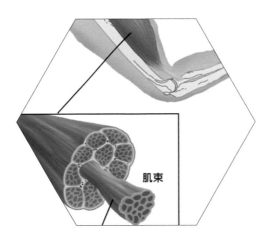

肌束

BASIC UNDERSTANDING

Ⅰ.基本解剖姿勢

基本解剖姿勢是指，面向前方，下肢微開直立、上肢朝下方垂放，手指伸直、掌心向前方的狀態。

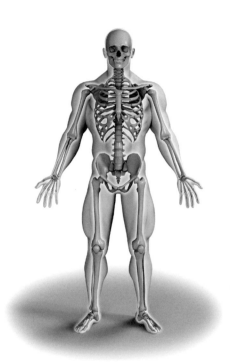

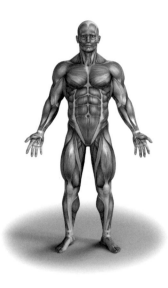

▶ 基礎的3個解剖平面

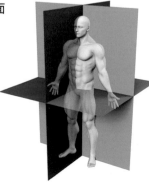

矢狀面（正中矢狀面）
（sagittal plane）

將人體分為左右的面，與水平面垂直。把人體分為左右對稱兩邊的面稱為正中矢狀面。

冠狀面
（frontal plane）

將人體分為前後的面，亦稱作額狀面。與水平面及矢狀面呈垂直。透過水平面、矢狀面及冠狀面3個解剖平面的定位，能表現出各種方向及位置。

水平面
（horizontal plane）

與地面平行的面，將人體分為上下兩部分。

Ⅱ. 表面解剖圖

　　以解剖學角度說明肌肉機制前，利用CG模型完整重現人體之前後表面，各個肌肉的大概位置一目了然。在此主要介紹人體表面的大型肌肉。

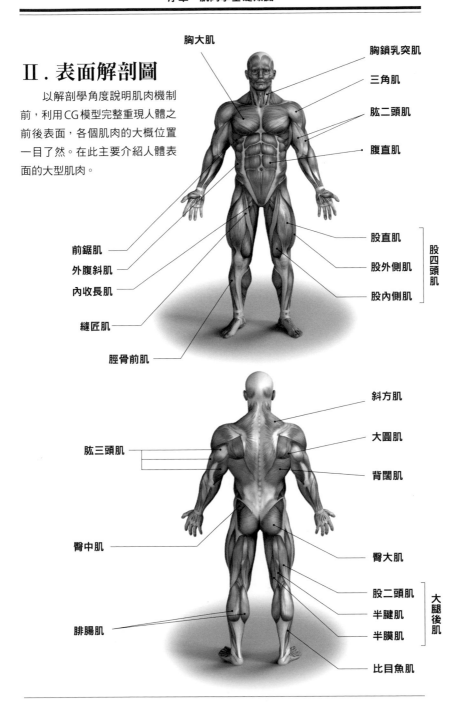

胸大肌

胸鎖乳突肌

三角肌

肱二頭肌

腹直肌

股直肌

股外側肌 ⎱ 股四頭肌

股內側肌

前鋸肌

外腹斜肌

內收長肌

縫匠肌

脛骨前肌

斜方肌

大圓肌

背闊肌

肱三頭肌

臀中肌

臀大肌

股二頭肌

半腱肌 ⎱ 大腿後肌

半膜肌

腓腸肌

比目魚肌

BASIC UNDERSTANDING

Ⅲ. 骨骼肌的構造及分類

　　以下彙整了骨骼肌的構造及種類等的知識，希望各位能有初步理解。骨骼肌是掌管人類動作的肌肉，期望透過加深對骨骼肌的了解，能對日常的訓練有所助益。

　　從日常生活、運動至肌力訓練，骨骼肌都是控制人類動作不可或缺的部位，也是讓人體能夠活動最重要的器官之一。嚴格來說，肌肉可以細分為幾個種類，但普遍最為人認知的「肌肉」，便是本章主題的骨骼肌。

　　無論是為了理解人體結構、獲得健康的身體，還是想要鍛鍊身體而進行肌力訓練，骨骼肌都十分重要。以下將簡略介紹骨骼肌的構造、種類，以及各位應該知道的基礎知識。

■何謂骨骼肌？

　　骨骼肌是人體中唯一的隨意肌，也就是大眾普遍認知的「肌肉」。人體中約有400至700條左右的骨骼肌，當中大部分均為左右對稱分布，約佔體重的40％至50％。從其名稱中的「骨骼」可猜到，骨骼肌的特徵為肌肉兩端與肌腱相連接，並附著在骨頭上。

　　因此骨骼肌主要的作用是，活動時收縮使「連接兩端的骨頭會受到牽引，令關節活動」；而「固定關節使其不能亂動」也是骨骼肌的重要功能。此外，它還具有

・產生熱能以維持體溫。

・協助血液循環。

・保護身體避免受到外界衝擊的傷害。

・保持一定程度的醣類及脂質代謝。

・刺激大腦下視丘，促進激素分泌。

等維持及調整生命活動的重大作用。另外，肌肉不只有骨骼肌一種，雖然提到「肌肉」，大部分人普遍的印象是骨骼肌，但其實人體中還有「心肌」及「內臟肌（平滑肌）」等肌肉。

■骨骼肌的構造

1) 以宏觀視點分析骨骼肌的構造

　　仔細研究骨骼肌的構造，便能發現它是由大量肌纖維（肌細胞）組合而成。但是，並不是單純把肌纖維集合起來，便能形成骨骼肌。

　　「骨骼肌」的基礎是集合大量的肌纖維後，以被稱為肌內膜的結締組織將其包裹，形成肌束（肌纖維束），再把集合起來的肌束以肌束膜包覆後才能形成。以宏觀

視點分析骨骼肌構造，可以如下圖般作「質因數分解」，會較為容易理解。

・肌纖維集合並被肌內膜包裹 → 形成肌束。

・肌束集合並被肌束膜包裹 → 形成骨骼肌。

▶ 骨骼肌的細微構造

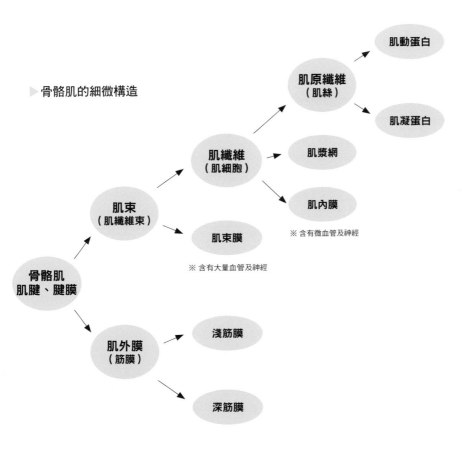

2）以微觀視點分析骨骼肌的構造

　　另一方面，若以微觀視點分析骨骼肌的構造，會發現肌纖維是由更細小的單位所構成。首先，肌纖維並非最小的單位或纖維，而是由更細的肌原纖維組成。肌原纖維則是由骨骼肌收縮作用中的基本單位，也就是肌小節（sarcomere）橫向地整齊排列連繫而成。也就是說，以微觀視點分析骨骼肌的構造，可以得知

・肌小節橫向整齊排列 → 形成肌原纖維。
・肌原纖維組成一束→ 形成肌纖維。

3）肌小節的構造

　　分析骨骼肌收縮的最小基本單位，也就是肌小節的構造，會發現當中有以下2種肌絲。

❶細肌絲（肌動蛋白絲，actin filament）

　　肌動蛋白為一種蛋白質分子，呈雙螺旋聚合而成的結構（聚合＝2個以上的分子結合生成分子量更大的化合物之反應）。其特徵為比肌凝蛋白絲更細。

❷粗肌絲（肌凝蛋白絲，myosin filament）

　　由稱為肌凝蛋白的蛋白質分子構成，並由肌聯蛋白負責固定其位置。肌凝蛋白分子有2個蝌蚪狀的頭部，突出的頭部（橫橋，cross-bridge）為其特徵。

　　以上2種肌絲呈互相交疊的結構，遇上釋出的鈣離子時，便會誘發它們相互滑動，縮短距離。因此，肌小節自身的長度變短，縮短的距離令肌原纖維的長度亦隨之變短，從而使肌纖維變短，最後可讓由肌纖維組合而成的骨骼肌收縮。

▶骨骼肌的構造

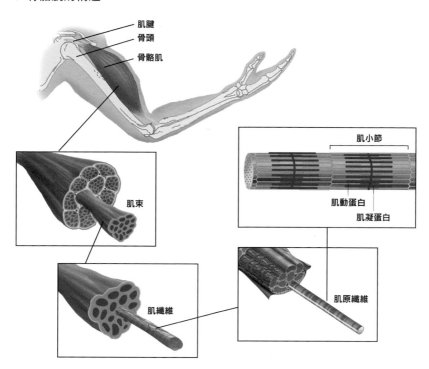

肌腱
骨頭
骨骼肌

肌小節

肌動蛋白

肌凝蛋白

肌束

肌原纖維

肌纖維

■骨骼肌的種類

骨骼肌的種類及名稱，主要根據肌肉的位置、起端及止端的位置、起端的數量、形狀、大小、功能等各式各樣的因素來命名。因此，在此介紹主要的因素，盡可能簡單地說明骨骼肌大概有哪些種類。

1）根據形狀分類

根據不同因素，骨骼肌可以有各式各樣的分類。首先最為基本的，可說是以形狀進行分類，種類統整如下：

❶梭狀肌

・基本形狀為中間部分最寬，末端最細。

・如有多於一個起端，通常稱為多頭肌，例如：二頭肌等。

・肌腹被肌腱劃分的肌肉稱為多腹肌，例如：二腹肌等。

❷平行肌

・肌肉以與長軸平行的方向排列。

・肌肉長度較長。

❸羽狀肌

・肌纖維向肌肉中央（肌腹）斜向排列，形成如羽毛般的形狀。可分為單羽狀肌、雙羽狀肌及多羽狀肌。與梭狀肌相比，羽狀肌的特徵為擁有較多肌纖維，能進行較強力的運動。但由於肌肉的纖維呈斜向排列，肌肉能夠收縮並作出運動的距離較短。因此，羽狀肌是一種收縮距離短卻適合進行劇烈運動的肌肉，如三角肌及臀大肌等。

・單羽狀肌…肌纖維斜向排列於單一側，例如：腹斜肌等。

・雙羽狀肌…肌纖維斜向排列於兩側。

・多羽狀肌…大量肌肉並排組成一條肌肉，例如：腹橫肌等。

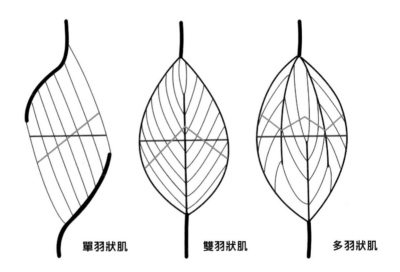

單羽狀肌　　　　　雙羽狀肌　　　　　多羽狀肌

2）骨骼肌的位置

　　骨骼肌也會直接藉其所在位置被分類或是冠上解剖學的名稱。例如名稱中有「腹」字的，便能馬上知道它是位於腹部的骨骼肌，例如腹部前面的腹直肌以及位於側邊的腹斜肌等。另外，位於小腿脛骨的肌肉有脛骨前肌及脛骨後肌等，也是一看就能夠了解是位於脛骨的骨骼肌。

　　此外，也有以起端及止端的位置來命名的肌肉。例如，胸鎖乳突肌的名稱便是

因其起端在胸骨及鎖骨,而止端在頭骨的乳突而來。

3)根據大小分類

　　如在同一部位有複數肌肉,有可能會以肌肉的大小來分類。舉一個簡單的例子,臀部中有臀部肌群,當中又有臀大肌、臀中肌、臀小肌等肌肉,它們的名稱都是根據大小來命名。其他例子還有位於上背部深層的菱形肌群,當中有大菱形肌及小菱形肌,也是按照其大小命名。

4)根據功能分類

　　在幫骨骼肌進行分類時,有時也會以「功能」來區分類型。例如前臂中有大量細微的肌肉,普遍的做法並不是為它們一一命名,而是以其共通的功能來區分。具體來說,

・負責手腕屈曲的肌肉群…稱為屈腕肌群、橈側／尺側屈腕肌、前臂屈肌群等。
・負責手腕伸展的肌肉群…稱為伸腕肌群、橈側／尺側伸腕肌、前臂伸肌群等。

　　其他還有肘關節屈肌群與相對的肘關節伸肌群、髖關節的髖外展肌群與相對的髖內收肌群等,以功能來分類骨骼肌十分常見。

5)肌纖維的種類

　　若不以「骨骼肌」,而是組成骨骼肌的「肌纖維」來分類,可以分為慢縮肌纖維(Type Ⅰ)及快縮肌纖維(Type Ⅱ)。還能進一步將快縮肌纖維細分為Ⅱa及Ⅱb兩種。

　　以下將簡單說明當中的不同。

❶慢縮肌纖維(Type Ⅰ)

　　肌肉收縮速度較慢。其特徵是會進行有氧代謝(消耗氧氣產生能量),因此在抵抗疲勞方面具有相當高的耐受性,有助維持耐力及姿勢。

❷快縮肌纖維(Type Ⅱa)

　　雖然收縮速度比慢縮肌纖維快,但較Type Ⅱb的纖維慢。能進行有氧代謝及無氧代謝(不需氧氣即能產生能量)。雖然爆發力強,但相對在抵抗疲勞方面的耐受度較低。

❸快縮肌纖維(Type Ⅱb)

　　普遍肌力訓練的鍛鍊目標,收縮速度比Type Ⅱa更快,能進行無氧代謝。雖然能發揮相當巨大的力量,但在抵抗疲勞方面的耐受度極低。此類纖維主要集中在上半身的骨骼肌中。

▶肌纖維的種類及特徵

	慢縮肌纖維 （Type Ⅰ）	快縮肌纖維 （Type Ⅱa）	快縮肌纖維 （Type Ⅱb）
顏色	紅色	粉紅色	白色
肌紅蛋白與 細胞色素的含量	多	有一定數量	極少
代謝方式	有氧代謝	有氧代謝及 無氧代謝	無氧代謝
收縮速度	慢	快	非常快
疲勞度	不易疲勞	容易疲勞	極易疲勞
肌肉粗細會否因訓練而變化？	不會	會	會
產生最大力量所需的時間	0.1秒	0.05秒	0.025秒

※補充：骨骼肌所含的慢縮肌纖維及快縮肌纖維雖然比例各異，
但一定兩種肌纖維皆有含括。

Ⅳ.與骨骼肌相關的其他知識

前面介紹了骨骼肌的基礎知識、構造及種類，最後想介紹一些各位必須知道的骨骼肌知識。

■骨骼肌基本上以複數為單位作出運動

一般來說，人體要做出動作時，幾乎不可能只有單獨一條肌肉在運作。通常的情況是，複數的骨骼肌會互相協調做出正確的動作。在做出動作的過程中，主要使用的肌肉稱為主動肌，輔助的肌肉則稱為協同肌。協同肌多數位於主動肌附近。

另一方面，擁有與主動肌相反功能的肌肉稱為拮抗肌。為了在主動肌發力時不會過度運動，拮抗肌會如刹車般發力抗衡主動肌的力量。

此外，在特定部位做出動作時，為了支撐軀幹、協助做出正確姿勢，無論主動肌是哪一種骨骼肌，通常會由穩定肌（穩定軀幹的肌肉）負責協助固定關節，保持身體平衡。

■肌力訓練的基礎理論

肌力訓練是提升肌肉量及肌肉強度最為有效的方法。適度的肌力訓練有助改善體型、提高運動能力，也是復健的重要手段。肌力訓練對女性亦大有助益，受女性激素影響，巨型又龐大的肌肉不會因而變得發達，反而變得柔軟又幹練。不單如此，近年來，高齡人士的肌力訓練也備受矚目。

訓練時對肌肉施加的負荷必須比日常的刺激更強，最合適的訓練方法是按照自身的肌肉力量，利用器材及自由重量對肌肉施加適度的「過度負荷」。自由重量的用途廣泛，可強化健身老手及運動員的肌肉等，器材則能讓初學者既安全又輕易地進行訓練，兩者需按目的來分開使用。

■提升肌力的訓練之定義

一般來說，對肌肉施加負荷及阻力的訓練被通稱為阻力訓練（Resistance Training）。廣義來說，即使是步行及走樓梯等日常生活（ADL）等級的負荷運動，因過程中有對肌肉施加負荷及壓力，所以也屬於一種阻力訓練。然而，高齡人士需要面對因老化帶來的肌肉量及肌肉強度下降的問題，也就是說如果高齡人士想要繼續能夠做出ADL動作，就必須進行比現在的ADL等級更強力的訓練。因此，高齡人士在進行肌力訓練時，必須要刻意將目標放在獲得更強的肌肉力量。以下將介紹進行

訓練時的注意事項。

1）肌力訓練的基礎

❶集中意識

進行重量訓練的重點是，要把意識集中於正在鍛鍊的肌肉上，反覆訓練。有說法認為，意識是否一直集中在肌肉上，會影響肌肉發達的程度。這是由於集中意識的同時會令神經集中，因而使肌纖維充分發揮作用。

❷活動範圍

進行重量訓練時，要把目標肌肉的可活動範圍（亦即活動範圍）發揮到極限。因為訓練時施加的負荷量，可以用（使用的重量）×（運動距離）這個公式來設定。集中意識於肌肉上，讓肌肉作出最大限度的伸展及收縮，便能給予更強的刺激，讓肌肉更為發達。

❸呼吸

進行重量訓練時，不要憋住呼吸、持續進行動作是十分重要的。因為如果停止呼吸繼續進行動作，很有可能會讓血壓急劇上升。訓練時，基本要在發力時緩慢吐氣，並在放鬆時緩慢吸氣。

❹重量、次數及頻率

初學者在選擇施加的重量時，應選擇一組動作中能連續做15次的重量（約為最大肌力的70%）。雖然比較普遍的是選擇做10次的重量（約為最大肌力的80%），但為了避免受傷以及好好熟悉姿勢，初學者能游刃有餘地做15次的重量，應該更為合適。選擇好重量後，以每組10次×3組的形式進行訓練。

實際訓練時會愈做愈累，因此能把重量舉起來的次數，會從第1組10次、第2組9次、第3組8次這樣的速度逐漸減少。每3個月測量一次最大肌力，進而調整訓練時使用的重量及項目即可。每完成一組動作後的休息時間（訓練頻率）雖因訓練目的而有所不同，但在1分鐘～1.5分鐘左右最為理想。

❺選擇項目

訓練時，應先從稱為大肌群的大型肌肉（如胸大肌、背闊肌、股四頭肌等）開始鍛鍊，再鍛鍊稱為小肌群的小型肌肉（如手臂及小腿的肌肉等）。小肌群比大肌群更容易疲勞，如先開始訓練小肌群，便可能無法充分鍛鍊大肌群。此外，訓練到後半時會因疲勞而使得效果降低，如果有想要優先強化的部位，應該在一開始最先鍛鍊該位置的肌肉。

❻全力以赴（all out）

一般認為在進行重量訓練時，堅持鍛鍊到無法再繼續為止、在短時間內爆發出所有肌肉的力量是十分重要的。這便是所謂的全力以赴（all out）。all out能給予肌

肉強烈的刺激，同時肌肉對負荷的適應力也會隨之提升。想要有效率地強化自身肌肉，必須把各個肌群逼到all out狀態。若發現自己總是無法進入all out狀態，便需重新審視負荷量或訓練菜單。

❼超補償

重量訓練會破壞肌肉組織，但疲勞的肌肉經過一定程度的休息與營養補充，便會變得比訓練前更為強壯。這個現象稱為超補償，一般來說經過2至3天的休息，肌肉便會進入超補償階段。休息能令訓練效果更為顯著，十分重要。如每天都進行重度訓練，便會因過度訓練令身體出問題。相反地，若訓練休息空檔太長，肌肉便會回復到原來狀態，需要重新觀察及調整。運動、休息及營養是打造強韌身體的3個關鍵。

❽注重離心收縮

向心收縮是肌肉縮短並產生力量的動作（短縮性肌肉收縮），相反地，離心收縮則是肌肉拉長並產生力量的動作（伸張性肌肉收縮）。進行重量訓練時，注重放下槓鈴時等的離心收縮動作更為重要。也就是說，緩慢仔細地進行「回到原位」的離心收縮動作，對肌肉十分有效。這是因為離心收縮更容易破壞肌肉組織，能有效促進肌肥大效果。

2）設計健身菜單

訓練項目的數量及種類會影響總訓練時數。例如，如果訓練時間有限，在鍛鍊上半身時，便不應進行個別強化胸部、肩部及肱三頭肌的項目，而應該進行能同時強化上述部位的項目（如推舉等）。此外，如有想要優先強化的特定部位，便需要考慮該部位的項目之整體平衡，作出合適的選擇。

❶複合關節項目（多關節項目、複合項目）

肌力訓練的主要練習稱為「複合關節項目（多關節項目）」，一般來說必須符合以下3個條件。

· 在動作中運用到複數關節的多關節項目。

· 會運用到較為大型的肌肉（大肌群：胸部、背部、大腿及臀部）的項目。

· 能安全有效地進行1RM測試的項目。

推舉屬於鍛鍊胸部大肌群的項目。動作時會運用到肩關節及肘關節，亦能安全有效地進行1RM測試。因此推舉屬於複合關節項目（多關節項目）。肩推也是複合關節項目（多關節項目），肩部肌肉是較為大型的肌肉，也能進行1RM測試。此外下半身的話，深蹲會運用到大腿及臀部，因此也屬於複合關節項目（多關節項目）。

上背部訓練項目中，滑輪下拉、坐姿划船及俯身划船等歸類在背部的複合關節項目（多關節項目），因背部的背闊肌為大型肌肉。雖然上述動作滿足了3個條件中

BASIC UNDERSTANDING

的2個，但在進行1RM測試時，需利用下背部及腿部固定身體，因此也有人認為它不能安全有效地評估1RM的數值。

❷單關節項目（孤立式項目）

「單關節項目」在肌力訓練中屬於輔助性質的項目，必須滿足以下3個條件。

‧在訓練中只使用到1個關節。

‧運用到小型肌肉（小肌群）的項目。

‧無法安全有效地進行1RM測試。

單關節項目的訓練部位包括上臂、前臂、腹部及下肢等。此外，如在單關節項目中進行1RM測試，有可能對關節帶來過度負擔或令姿勢錯誤，造成危險。

❸選擇項目

針對1個肌群選擇1個項目，是最為基本的做法，但累積足夠經驗後，我建議1個部位除了複合關節項目外，還可以加上單關節項目。例如在腿部，可在進行深蹲後，再進行腿部屈伸。

❹訓練頻率

訓練頻率並非一成不變，隨著經驗累積，需要把訓練頻率提高。小肌群比大肌群的恢復速度更快，因此能以高頻率進行訓練。建議初學者可以一週做2～3次、普通程度的人可以一週做3～4次，而老手則可以再把頻率提高。順帶一提，如一週進行訓練3次以上，則必須在訓練課表中插入空檔。

❺訓練強度（按照1RM百分比的負荷來決定）

右頁（表1）為「1RM百分比與動作次數的關係及其效果」，說明了訓練負荷（與1RM相對的百分比）與動作重複次數的關係。按此可以推測，有訓練經驗的人進行推舉時，能以1RM的80%之負荷重複10次左右，也就是說重複10次左右的負荷約相當於1RM的80%。不過需注意的是，本表顯示的是肌肉在沒有疲勞狀態下進行一組動作時的數值。

選擇負荷時，基本會利用這個1RM百分比，但如果訓練者是高齡人士或完全沒有健身經驗的新手，而無法評估其1RM，則需要利用其他方法決定其訓練負荷。

▶ 1RM 百分比與動作次數的關係及其效果（表1）

重複次數	與1RM相對的%	主要訓練效果
1	100%	
2	97.5%	
3	95%	提高集中力及最大肌力
4	92.5%	
5	90%	
6	88%	
7	86%	
8	84%	
9	82%	
10	80%	肌肥大、提升最大肌力
11	78%	
12	76%	
13	74%	
14	72%	
15	70%	
16	68%	
17	66%	
18	64%	提升肌耐力
19	62%	
20	60%	

BASIC UNDERSTANDING

開始肌力訓練的契機

～開始感興趣便是一切的開始～

　　我開始進行肌力訓練已有30年以上。對我來說肌力訓練就是生活方式的一部分，是不可或缺的重要生活習慣。

　　回想以前，從小時候起，我的心中便對肌肉有著憧憬。我的父親是職人，一身肌肉，特別是手臂十分粗壯。小時侯父親會秀他手臂的小老鼠給我看，我還記得當時覺得「好厲害！」「超帥！」。

　　另外，當時也很流行《格鬥金肉人》還有《北斗神拳》等，主角披著一身肌肉盔甲的漫畫。大賣的電影則是《洛基4》。我被男主角演員席維斯史特龍的魅力所吸引，反覆將錄影帶倒帶重看，把訓練場景看了一次又一次。

　　在這樣的環境下長大，我想自己很自然地被灌輸了「肌肉的帥氣魅力」這個概念。我最初開始做類似健身的事，是在小學五年級的時候。當時想把手臂練粗一點，便去買了鐵啞鈴，做起了彎舉。

　　在16、17歲時，我開始接觸空手道及拳擊。出社會工作後，受同事影響，我也開始去政府運動中心的健身房鍛鍊。一開始不太知道要怎麼鍛鍊，因為想把手臂練粗，所以一直只練手臂。

　　之後，健身房的其他常客，開始教我推舉及深蹲等姿勢，還有一組動作要怎麼設計等等的知識。從那之後，看著身體的變化以及負荷重量逐漸上升，我非常有滿足感，更沉迷於鍛鍊身體。那時候每週去6次健身房，不用工作的週六就帶著便當，上午與下午各1次。為了有更深入的理解，我開始猛讀各種健美專門書籍，生活的重心全部都是健身。當時，健身對我來說是格鬥技的輔助運動，但比起想在格鬥技的舞台上發光發亮，我發現自己更想擁有一個既強悍又帥氣的身體。

　　在那之後，我的生活便再也與健身分不開。雖然一開始只是懷著對肌肉的憧憬而開始鍛鍊，但除了打造身體線條這點以外，健身也帶給我非常多不同的好處。「想讓身材變得跟拳四郎一樣」、「想受異性歡迎」、「想參加健美大賽」等，開始健身的原因不管是什麼都沒關係。只要有了興趣，一切便會自然開始。希望透過本書，能讓更多人了解我所經歷過的健身的優點。　　　　　　　　（豐島悟）

第1章

上背部

肌肉

text by Satoru Toyoshima

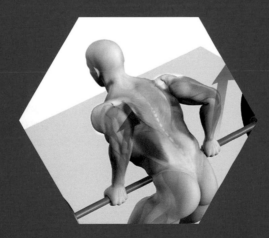

THE TRAINING ANATOMY

CHAPTER 01

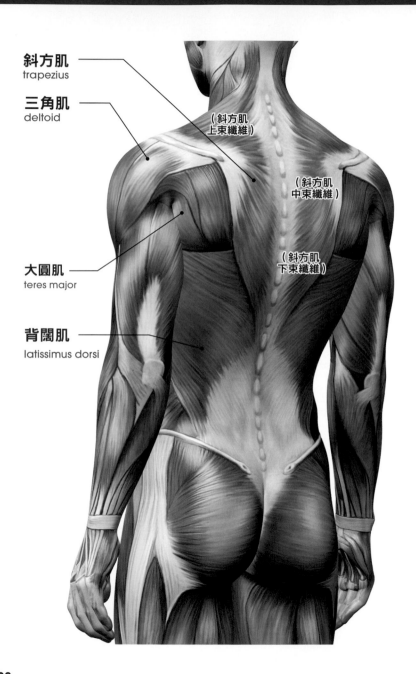

斜方肌
trapezius

三角肌
deltoid

（斜方肌
上束纖維）

（斜方肌
中束纖維）

（斜方肌
下束纖維）

大圓肌
teres major

背闊肌
latissimus dorsi

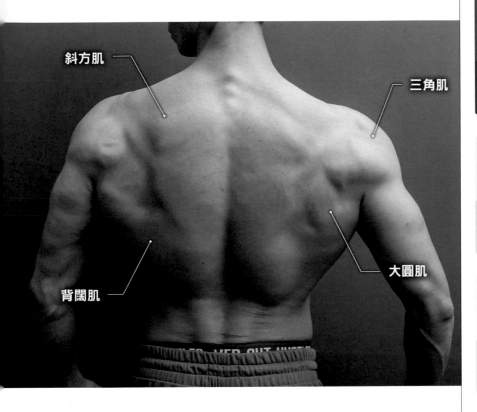

斜方肌

三角肌

大圓肌

背闊肌

除了背闊肌，大圓肌也非常重要

　　位於上背部的表層肌肉，主要有背闊肌、大圓肌、斜方肌、三角肌（後束）等。此章特別針對訓練倒三角身材時不可或缺的背闊肌、大圓肌項目進行解說。背闊肌為人體面積最廣的肌肉，與肩關節的內收、內旋、伸展等動作相關，大圓肌也是一樣。

　　想訓練出寬厚的後背，從字面上的意思來說，較容易聯想到背闊肌，但針對倒三角身材的訓練，大圓肌也非常重要。活動大圓肌時，周遭的肌肉一定也會受到刺激，背部倒三角形的上方2個頂點正是大圓肌的位置。因此，鍛鍊大圓肌就等於鍛鍊倒三角形的2個頂點，有助於形成完美的倒三角形。

　　訓練大圓肌的項目，也可以鍛鍊控制肩胛骨的感覺，對背部訓練十分重要。若覺得自己背部肌肉不發達、抓不到訓練背部的感覺，這樣的人訓練時不只需要注意背闊肌，也需要注重大圓肌。

反握槓鈴划船

鍛鍊到的肌肉

mid-range 項目

主動肌 ▶ 背闊肌、大圓肌

協同肌 ▶ 斜方肌、豎脊肌、三角肌後束

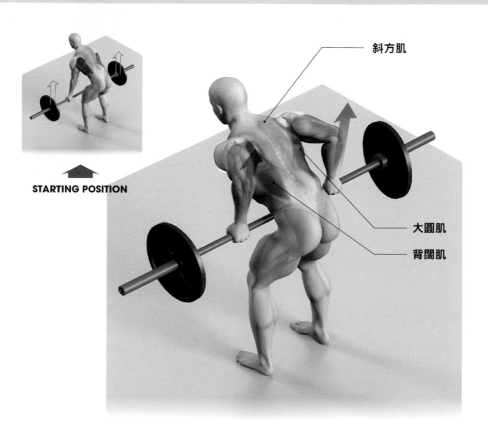

斜方肌

STARTING POSITION

大圓肌

背闊肌

▶訓練方法

❶雙腳距離略窄於肩寬，以肩膀向下沉（肩胛骨下壓）的狀態反握槓鈴。雙手握距與肩同寬。拇指要實握槓鈴。

❷輕屈膝蓋，屁股向後推，背打直不要駝背，姿勢稍微向前傾。維持此姿勢，腹部出力（使腹內壓上升）。

❸從大腿處將槓鈴拉至肚臍附近。收起肩胛骨，感覺到主動肌收縮後，緩慢地讓手肘回到起始姿勢。之後依照需要的次數重複此動作。

呼吸

▼

若為輕重量，上拉時吸氣，放下時吐氣。若為中、高重量，上拉前吸氣鼓起胸腔，腹部出力，恢復原位時吐氣。

TRAINING

斜方肌
大圓肌
背闊肌

▶生物力學重點

❶反握槓鈴的動作與肩關節關聯度較低。若是感覺到肩膀疼痛，有可能是因為肱二頭肌長頭肌腱出了問題（參閱P97）。由於反握方式與肱二頭肌關聯度高，因此肱二頭肌長頭肌腱受傷的人最好避免此握法。

❷基本上握距與肩同寬，寬握較容易刺激背部中央，窄握則較容易刺激背部外側。若想將背練厚建議寬握，若想練寬則建議窄握。

過度挺胸的話，會減少對上背肌肉的刺激，只會刺激到下背部

❸不需要勉強挺胸。若過度挺胸，只會更容易刺激到下背，再加上腹內壓不足，負擔就會集中於腰部。

❹由於知名的專業健美運動員Dorian Yates曾說過他喜歡這個項目，因此也被稱為「Yates Row」。

31

上斜啞鈴划船

鍛鍊到的肌肉

contract
項目

主動肌 ▶ 背闊肌、大圓肌

協同肌 ▶ 三角肌後束、斜方肌、豎脊肌

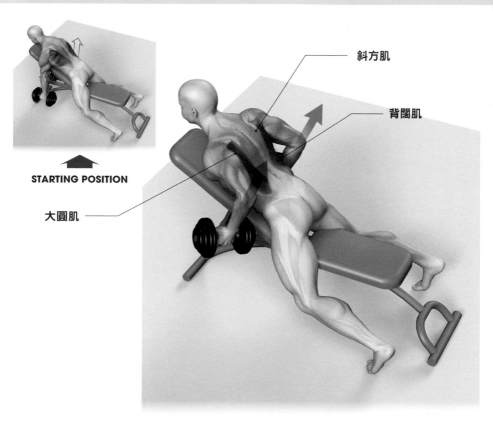

斜方肌

背闊肌

STARTING POSITION

大圓肌

▶訓練方法

呼吸

❶將可調式訓練椅調整成大約60度。肩膀向下沉（肩胛骨下壓），靠在訓練椅上，雙腳距離約為骨盆寬度。

❷以掌心相對的形式讓啞鈴與身體呈同方向，也就是所謂雙手對握。如果採用拇指與四指同側的虛握法，在訓練時可避免前臂過度出力。

❸像要收起肩胛骨般，將手肘收向身體後方，把啞鈴拉往骨盆方向。收起肩胛骨，感受到主動肌收縮後，緩慢地讓手肘回到起始姿勢。之後依照需要的次數重複此動作。

上拉時吸氣，放下時吐氣。

TRAINING

BIO MECHANICS

斜方肌
大圓肌
背闊肌

▶生物力學重點

❶此項目的優點是可以將身體靠在訓練椅上,動作時軀幹較不會晃動,更容易使主動肌伸展及收縮。由於不需要靠自己的力量支撐軀幹,更容易感受到想訓練的肌肉。

❷拉起啞鈴時可以稍微抬起下巴,如此一來會感覺到強烈的收縮。隨著次數增加,下巴會漸漸放下,需要注意。

NG!

上半身過度抬起會壓迫腰部,甚至對頸椎造成負擔

❸由於對腰部的負擔較小,若做俯身划船等項目會腰痛的人即適合採用此項目。

❹小心若雙腳間距過寬,動作時啞鈴可能會撞到腳。

33

T槓俯身划船

mid-range 項目

鍛鍊到的肌肉

主動肌 ▶背闊肌、大圓肌
協同肌 ▶斜方肌、豎脊肌、三角肌後束

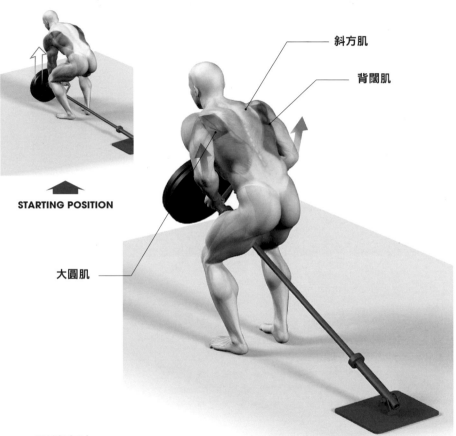

斜方肌

背闊肌

STARTING POSITION

大圓肌

▶訓練方法

❶站在專用機器上。站立時放鬆肩膀，以肩膀向下沉的狀態（肩胛骨下壓）輕屈膝蓋，屁股向後推。腳掌踩穩，重心稍偏向腳跟，上半身呈60度左右。

❷抓握槓鈴桿時，雙手握距稍微大於肩寬，背打直，腹部出力（使腹內壓上升），呈準備狀態。

❸沿著機器軌道拉起把手。收起肩胛骨，感受到主動肌收縮後，緩慢地回到起始姿勢。之後依照需要的次數重複此動作。

呼吸

▼

若為輕重量，上拉時吸氣，放下時吐氣。若為中、高重量，上拉前吸氣鼓起胸腔，腹部出力，恢復原位時吐氣。

TRAINING

BIO MECHANICS

斜方肌
背闊肌
大圓肌

▶生物力學重點

❶由於負荷不是垂直方向,對腰部負擔較小。

❷由於軌道固定,負荷向量不會晃動,能直接刺激主動肌。可以增強背部中段的收縮力量。

❸若握著槓鈴桿進行準備動作,腹部會無法出力,較容易駝背。應先做好準備動作後,再抓握槓鈴桿。

❹與反握槓鈴划船相同,寬握較容易刺激背部中央,窄握較容易刺激背部外側。

NG!

上半身過度挺直的話,對想鍛鍊的肌肉
的刺激會減弱,只會刺激到下背部

頸後滑輪下拉

contract 項目

主動肌 ▶大圓肌
協同肌 ▶背闊肌、三角肌後束、斜方肌

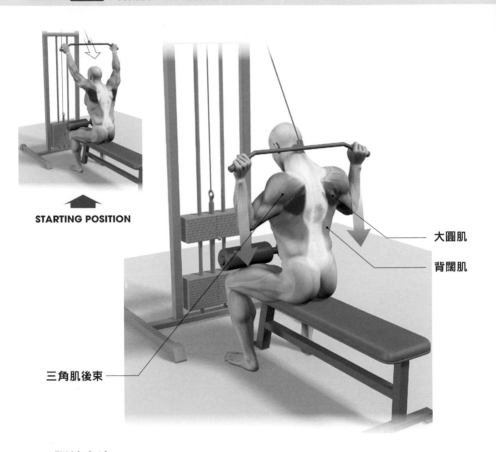

STARTING POSITION

大圓肌

背闊肌

三角肌後束

▶訓練方法

❶坐上專用機器,抓握時,雙手握距較肩寬多一個拳頭寬。手肘微彎,伸展背部肌肉。

❷保持上半身挺直,將把手下拉至頭部後方。

❸下拉時要拉至耳朵附近。感受到主動肌收縮後,緩慢地抬起手肘(肩胛骨上旋),回到起始姿勢。之後依照需要的次數重複此動作。

呼吸

▼

下拉時吸氣,恢復原位時吐氣。

TRAINING

BIO MECHANICS

三角肌後束

大圓肌

背闊肌

▶生物力學重點

❶拉向頭部後方時，肩胛骨周圍的肌肉較容易收縮。若做滑輪下拉難以感受背部肌肉的人，可選擇嘗試此項目。

❷要留意下拉過度，可能會傷及肩鎖關節。

❸動作一開始需注意伸展。下拉時需意識到肌肉收縮。

NG!

下拉過度會造成肩膀疼痛。
下拉至耳朵附近即可

單臂滑輪下拉

鍛鍊到的肌肉

主動肌 ▶背闊肌、大圓肌
協同肌 ▶三角肌後束

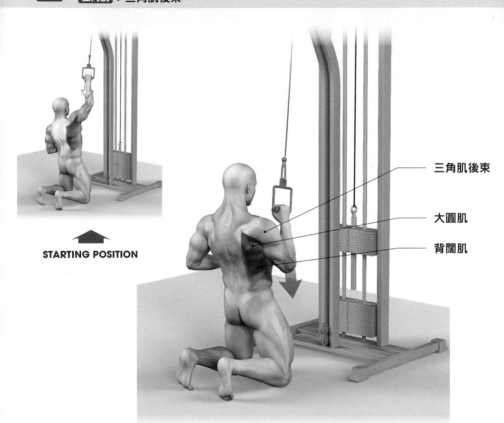

STARTING POSITION

三角肌後束

大圓肌

背闊肌

▶訓練方法

呼吸
▼

❶跪坐或長跪於滑輪機下，盡可能將骨盆前傾。

❷垂直伸起手臂，手肘微彎，以伸展背部肌肉的感覺握住把手。

❸從手肘處下拉，穩定地挺胸，放下肩胛骨（肩胛骨下旋）。

❹感受到主動肌收縮後，緩慢地抬起手肘（肩胛骨上旋），回到起始姿勢。之後依照需要的次數重複此動作。記得動作時要保持上半身挺直，穩住軀幹。

下拉時吸氣，恢復原位時吐氣。

TRAINING

BIO MECHANICS

三角肌後束

大圓肌

背闊肌

▶生物力學重點

❶完全跪坐時，動作與下半身無關，軀幹部分也較為穩定、不會晃動，更容易刺激大圓肌、背闊肌。

❷起始位置避免完全抬起肩膀。

❸單手下拉時，手肘的下拉幅度大於雙手下拉，伸展及收縮的感覺將會不同。

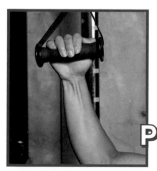

❹起始位置時以胸式呼吸深深吸氣，可感受到主動肌更強烈的伸展。

❺若肩胛骨周遭肌肉缺乏柔軟度的人，以及滑輪下拉時難以感受背部肌肉伸展及收縮的人，即可從此項目開始嘗試。

POINT

抓握時，採用拇指與四指同側的虛握或拇指伸直貼平把手的握法

滑輪眼鏡蛇

鍛鍊到的肌肉

stretch 項目

主動肌 ▶ 大圓肌、背闊肌
協同肌 ▶ 三角肌後束、斜方肌

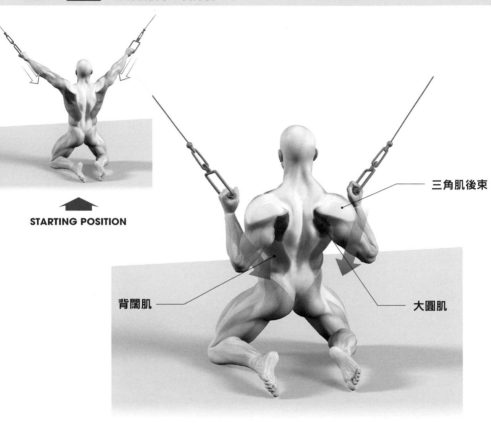

STARTING POSITION

三角肌後束

背闊肌

大圓肌

▶訓練方法

❶雙膝彎曲跪於滑輪機前。保持掌心朝下的狀態（前臂旋前），雙手握住繩索。手肘微彎，伸展背部肌肉。

❷從手肘處下拉，穩定地挺胸，放下肩胛骨（肩胛骨下旋）。下拉時，前臂需與地面垂直。

❸感受到主動肌收縮後，緩慢地抬起手肘（肩胛骨上旋），回到起始姿勢。之後依照需要的次數重複此動作。記得動作時要保持上半身挺直，穩住軀幹。

呼吸
▼
下拉時吸氣，恢復原位時吐氣。

TRAINING

BIO MECHANICS

三角肌後束

大圓肌

背闊肌

▶生物力學重點

❶盡可能意識到大圓肌的伸展與收縮。

❷相對於滑輪下拉從上到下的動作，此項目則為「斜上方」→「斜下方」。因此較容易意識到肩胛骨的上旋與下旋的動作。

❸不宜負荷過重的重量。選擇能充分感受到大圓肌的伸展與收縮的重量。

LEVEL UP

採跪坐姿勢時，因動作與下
半身較無關聯，故能給予主
動肌更多的刺激

站姿滑輪划船

鍛鍊到的肌肉

contract
項目

主動肌 ▶背闊肌、大圓肌
協同肌 ▶斜方肌、三角肌後束

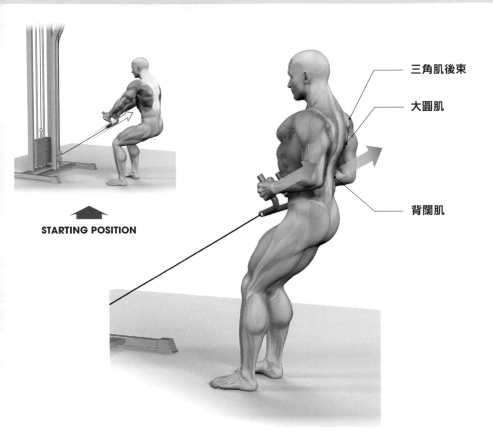

STARTING POSITION

三角肌後束

大圓肌

背闊肌

▶訓練方法

❶將滑輪設置在訓練器最低的位置。雙手握住直桿握把,站立著微微屈膝,往後抬起臀部,保持前傾姿勢。上半身呈現60度左右。

❷肩膀往前,伸展肩胛骨(肩胛骨外展)。手肘不要完全伸直。

❸將握把拉向肚臍,穩定地挺胸。挺起胸腔時,肩胛骨自然地縮起(肩胛骨內收)。縮起肩胛骨,感覺到主動肌收縮後,慢慢地將手肘恢復到起始姿勢。之後依照需要的次數重複此動作。

呼吸
▼

拉向肚臍時吸氣,恢復原位時吐氣。

TRAINING

BIO MECHANICS

斜方肌

大圓肌

背闊肌

▶生物力學重點

❶滑輪機的優點在於一開始的動作到最後的動作始終能保持同樣的負荷。動作中,對主動肌的負荷不會不一致。

❷以站姿進行時,肌肉的行走方向與負荷的向量一致,主動肌能獲得強烈的伸展與收縮感。

❸不要挑戰無法負荷的重量。過重時會無法控制動作。選擇能感受到主動肌的伸展與收縮的重量進行。

❹下半身支撐力不足的人,進行時膝蓋可以著地。

NG!

上半身過於挺直,會減少對目標肌肉的刺激。選擇能維持姿勢的重量進行

直臂下壓

鍛鍊到的肌肉

stretch 項目
主動肌 ▶大圓肌、背闊肌
協同肌 ▶斜方肌、三角肌後束

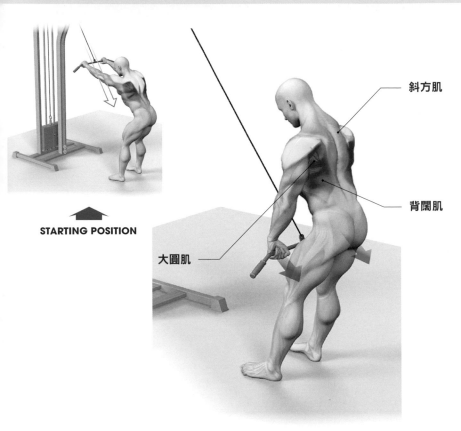

STARTING POSITION

斜方肌

背闊肌

大圓肌

▶訓練方法

呼吸

❶站在滑輪機前，雙腳距離稍微小於肩寬，雙手正握桿身。握距與肩同寬。

❷微微屈膝，往後抬起臀部，脊椎保持挺直，做出前傾姿勢。上半身呈現60度。肩膀向下沉（肩胛骨下壓），不要縮起肩胛骨。伸直手肘，但肘關節不要鎖死。

❸將肩關節作為支點，手臂的軌道呈現半圓弧度，將手肘拉近身體。感受到主動肌的收縮後，緩慢地回到起始姿勢。之後依照需要的次數重複此動作。動作中，維持肩膀下沉的姿勢。

拉近時吸氣，恢復原位時吐氣。

TRAINING

BIO MECHANICS

斜方肌
大圓肌
背闊肌

▶生物力學重點

❶在起始姿勢時,以胸式呼吸深深吸氣,能給予主動肌更強烈的伸展感。

❷將握距縮小,以縮起肩胛骨的狀態動作時,大圓肌會處在固定狀態,背闊肌(尤其是下半部)會更容易進行伸展與收縮。以背闊肌為主要目標時,請用此姿勢進行。

POINT

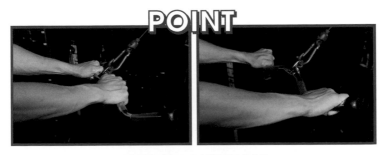

握住拉力桿內側,能刺激背闊肌等背部的外側肌肉;握住拉力桿外側,則能刺激到斜方肌中央等背部內側

45

上半身硬舉

mid-range 項目

鍛鍊到的肌肉
主動肌 ▶大圓肌、豎脊肌
協同肌 ▶斜方肌、三角肌後束

STARTING POSITION

斜方肌

大圓肌

豎脊肌

▶訓練方法

❶起始姿勢的槓鈴位置約在膝蓋上方,站立時的雙腳距離稍窄於肩寬。雙手握距約與肩同寬,握在滾花刻紋的外側。拇指要實握槓鈴。

❷背脊保持挺直,挺起胸腔,臀部往後方移,並將槓鈴往下移至膝蓋下方的位置。將槓鈴沿著大腿向下移。

❸將槓鈴身往下移至膝蓋下方的位置後,縮起肩胛骨,沿著身體舉起槓鈴。之後依照需要的次數重複此動作。

呼吸
▼

若為輕重量,上舉時吸氣,下移時吐氣。若為中、高重量,上舉前吸氣鼓起胸腔,腹部出力,恢復原位時吐氣。

TRAINING

BIO MECHANICS

斜方肌
大圓肌
背闊肌

▶生物力學重點

❶硬舉經常被視為背部項目，亦可以說是與大腿後肌或臀部極為密切的下半身專攻項目。將活動範圍限制於上半身，就有可能只針對背部進行重點性的鍛鍊，而不影響到下半身。

❷對腰部負擔少，受傷風險低。此外，相較於從地板開始的硬舉，能負荷更高的重量。

❸對背闊肌的影響不大。但以腋下施力的方式，讓大圓肌處在緊繃狀態下舉起，就能鍛鍊到整個背部。

POINT

以反握法進行時，能使主動肌的收縮感更為強烈。不過對肱二頭肌的刺激更大

肌力訓練與肌肉激素

～近年備受矚目的肌力訓練所帶來的可能性～

　　肌力訓練不光是會帶來身體外觀的變化，也對於預防運動障礙症候群（因骨骼、關節及肌肉等衰弱，導致「站立」、「步行」等功能退化）、預防及改善肩膀僵硬及腰痛、延緩老化、提升基礎體力、移動能力及免疫力有所助益。

　　近年來，發現激素中有所謂的「肌肉激素（myokine）」。肌肉激素是在進行肌力訓練時，會從肌肉分泌出的一種激素，也被稱為「抗老化激素」。目前已經證實具有「抑制憂鬱、不安」、「預防失智症」、「改善動脈硬化」、「提升骨密度」、「穩定血壓」、「提升免疫機能」、「預防與改善糖尿病」、「使脂肪細胞分解脂肪」、「抑制癌細胞增殖」、「抗老化效果」、「提升肌力與骨力」、「提升抗炎性」等效果。

　　如同其他器官，肌肉也會分泌激素。在發現肌肉激素之前，肌力訓練被認為能促進生長激素的分泌。但不光是生長激素，後來發現還存在著名為肌肉激素的新激素。

　　有效率地分泌肌肉激素的方法是鍛鍊大肌群，尤其是下半身，臀部肌群、大腿後肌、股四頭肌及小腿三頭肌等。筆者從事健身已經長達30年以上，年紀來到4字頭，至今沒有感覺到體力或身體的衰退。此外，相較於同年齡的男性，看起來比實際年紀年輕。筆者認為這都是歸功於定期進行肌力訓練的緣故。

　　過去許多人都對於肌力訓練存在有鍛鍊成滿身肌肉等的負面印象。

　　然而，今後即將迎接超高齡化社會，醫療費的大幅削減等會變成一個龐大課題。為了維持健康的身心，終生都要進行正確的肌力訓練。而肌肉激素這個優異物質，可以靠自己製造，而不需透過外部取得。透過肌力訓練有效分泌能帶來獲益多多的肌肉激素，來獲得美好的身材與健康的身心靈吧。　　　　　　　　（豐島悟）

第2章

肩部

肌肉

text by Satoru Toyoshima

THE TRAINING ANATOMY

CHAPTER 02

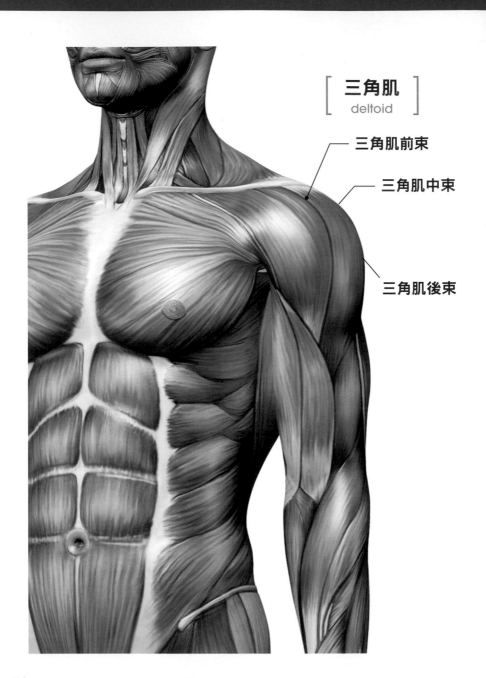

三角肌
deltoid

三角肌前束

三角肌中束

三角肌後束

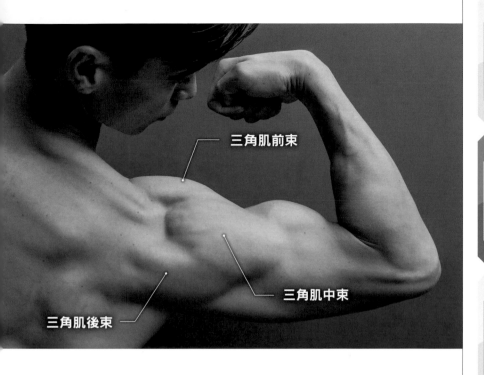

三角肌前束

三角肌中束

三角肌後束

選擇項目時要考慮各肌肉的運動

　　肩部的三角肌分為「前束」、「中束」、「後束」3個部分。前束負責肩關節的屈曲、水平內收及內旋；中束負責肩關節的外展；後束則負責肩關節的伸展、水平外展及外旋。訓練過程中必須考慮到各肌肉的運動而去選擇項目。

　　透過鍛鍊三角肌前束，肌肥大的效果能增加從正面觀看的身體的立體感。三角肌中束的發達則有助塑造肩膀線條及增加肩寬。另外，雖然從正面看不到，但三角肌後束發達與否，會大大影響背部的立體感及寬度。從側邊看，三角肌後束更能顯現肩膀的立體感，是可以考慮積極鍛鍊的部位。

　　此外，肩部肌肉也是「力量」的指標。肩膀力量強或是肩膀厚實的人，更傾向於進行高重量的訓練，如所有推舉系項目等。當中有人即使不怎麼鍛鍊肩膀，三角肌還是十分發達，這是因為推舉系項目會運用到三角肌前束。背部的項目則會刺激三角肌後束。

　　肩膀同時是上半身的中樞，是連接軀幹與手臂的重要部位。若其功能受損，從訓練中獲得的刺激亦會較難傳達到軀幹。肩部肌肉是在各種項目中都會用到的纖細肌肉，必須要小心注意保養及休息。

阿諾肩推

鍛鍊到的肌肉

主動肌 ▶ **三角肌（尤其是前束）**

協同肌 ▶ 肱三頭肌、胸大肌上部

STARTING POSITION

三角肌前束

肱三頭肌

胸大肌上部

▶訓練方法

❶背打直坐在平板椅上，腳掌踩穩，雙腳距離略窄於肩寬。雙手拿著啞鈴，手背朝向前方，舉在胸前。

❷手腕往外旋轉，同時把手肘向兩邊打開，筆直地舉起啞鈴。

❸手掌朝向正面，把啞鈴舉到最高。感覺到主動肌收縮後，一邊感受三角肌前束承受的重量，一邊把手腕往內旋轉，緩慢地放下啞鈴。啞鈴放下的高度位置約在鼻尖前。之後依照需要的次數重複此動作。

呼吸

▼

舉起啞鈴時吐氣，恢復原位時吸氣。若為高重量，在舉起前吸氣，邊憋住呼吸邊往上舉。

TRAINING

BIO MECHANICS

三角肌前束

肱三頭肌

胸大肌上部

▶生物力學重點

❶此項目比一般的啞鈴肩推更需要使用到腹內壓。訓練時應一邊施加腹內壓，一邊舉起或放下啞鈴。

❷在結束姿勢時，完全伸直手肘較能承受高重量。若想進行高重量訓練，應盡量伸直手肘。但同時需注意進行高重量訓練會對肩關節帶來負擔。若使用不完全伸直手肘（不鎖住關節）的方法，雖使用重量減少，但從起始到結束姿勢的整個過程會持續對三角肌施加負荷。

❸此動作名稱的由來眾說紛紜，有種說法是因阿諾・史瓦辛格喜歡做這動作而命名。

POINT

一邊旋轉手臂一邊舉起啞鈴，三角肌（前束及中束）的收縮及伸展會比一般的啞鈴肩推更為強烈。能透過收縮及伸展同時對三角肌施加高強度負荷

啞鈴反握上舉

鍛鍊到的肌肉

stretch
項目

主動肌 ▶ **三角肌（尤其是前束及中束）**
協同肌 ▶ **肱三頭肌、胸大肌上部**

STARTING POSITION

肱三頭肌

胸大肌上部

三角肌前束

▶訓練方法

❶起始姿勢與阿諾肩推一樣。背打直坐在平板椅上，腳掌踩穩，雙腳距離略窄於肩寬。雙手拿著啞鈴，手背朝向前方，舉在胸前。

❷維持此姿勢，直接筆直地舉起啞鈴。

❸把啞鈴舉到最高，感覺到主動肌收縮後，一邊感受三角肌前束承受的重量，一邊緩慢地回到起始姿勢。啞鈴放下的高度位置約在鼻尖前。之後依照需要的次數重複此動作。

呼吸
▼

舉起啞鈴時吐氣，恢復原位時吸氣。

TRAINING

BIO MECHANICS

肱三頭肌

胸大肌上部

三角肌前束

▶生物力學重點

❶此項目不會對肩部深層肌肉造成太大負擔，因此棘上肌等疼痛而無法做出肩推或側平舉的人也可以選擇此項目。

❷此項目不能負荷高重量。此外，會利用腹內壓來保持平衡。若以站姿進行，運動量會更大。

❸此項目比阿諾肩推更能直接刺激三角肌前束。為了讓三角肌前束負荷增加，可採用拇指與四指同側的虛握法。

POINT

動作時要隨時維持背部挺直的狀態，保持身體平衡

03 單手肩推

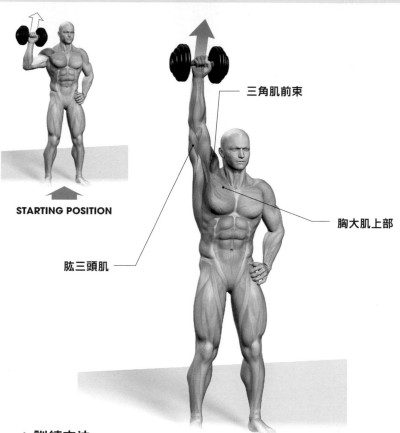

鍛鍊到的肌肉

mid-range 項目

主動肌 ▶ **三角肌（尤其是前束）**
協同肌 ▶ **肱三頭肌、胸大肌上部**

三角肌前束

胸大肌上部

肱三頭肌

STARTING POSITION

▶訓練方法

呼吸
▼

❶以站姿進行，雙腳距離約與腰同寬，背打直，舉起啞鈴至耳旁左右的高度。此時的手肘朝下（肩關節外旋）。為了保持身體挺直，可把手貼在牆壁前。

❷維持身體挺直，筆直地舉起啞鈴。把啞鈴舉到最高，直至肘關節鎖住。

❸把啞鈴舉到最高，感覺到主動肌收縮後，一邊感受三角肌前束承受的重量，一邊緩慢地回到起始姿勢。之後依照需要的次數重複此動作。

舉起啞鈴時吐氣，恢復原位時吸氣。若為高重量，在舉起前吸氣，邊憋住呼吸邊往上舉。

TRAINING

BIO MECHANICS

三角肌前束

肱三頭肌

胸大肌上部

▶生物力學重點

❶能以站姿進行高重量訓練的項目。但需注意高重量容易導致肩膀疼痛，在習慣之前要使用自己能夠承受的重量。

❷關鍵在於活動時軀幹要保持穩定，避免晃動。另外，單手進行此項目有助集中鍛鍊三角肌。

NG!

身體切勿側向一邊，動作時
要保持軀幹筆直

上斜啞鈴側平舉

鍛鍊到的肌肉

主動肌 ▶三角肌（尤其是中束）
協同肌 ▶胸大肌上部、肱三頭肌

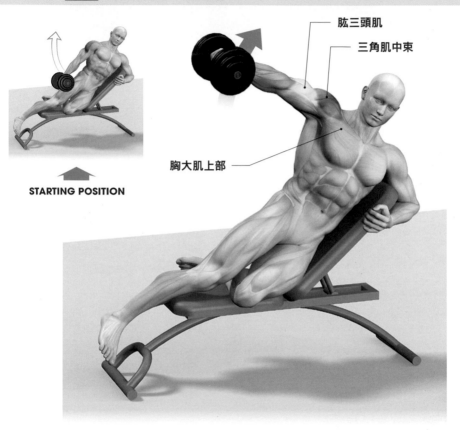

肱三頭肌

三角肌中束

胸大肌上部

STARTING POSITION

▶訓練方法

呼吸

❶把可調式訓練椅的角度調至30～45度左右。把身體正側面靠在椅背上坐下，握起啞鈴放在身前。手肘微屈，挺起胸口不要駝背。

❷握鈴時拇指向外。手臂筆直地舉高啞鈴到肩膀高度。

❸感覺到主動肌收縮後，一邊想像重力及啞鈴的重量正讓肌肉伸展，一邊緩慢地放下啞鈴，回到起始姿勢。之後依照需要的次數重複此動作。

在舉起（或準備開始舉起）啞鈴前吸氣，在結束姿勢（舉到肩膀高度）時憋氣，邊吐氣邊放下。

TRAINING

BIO MECHANICS

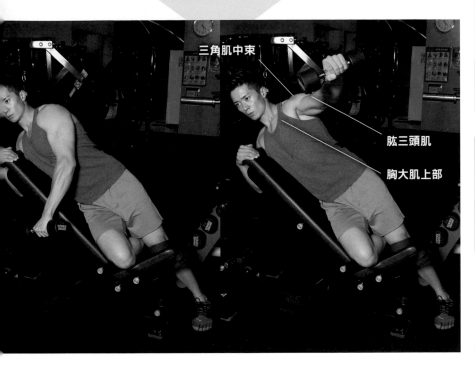

三角肌中束

肱三頭肌

胸大肌上部

▶生物力學重點

❶三角肌中束項目通常會要求高度伸展,因此比普通的側平舉,能對三角肌施加更高的負荷。

❷上半身需稍微前傾,讓三角肌容易伸展。從三角肌感到伸展的姿勢開始動作。

❸如勉強舉起過重的啞鈴,會運用到主動肌以外的肌肉,令三角肌受到的刺激減弱,因此注意需使用重量合適的啞鈴。此外,啞鈴過重亦會導致握住時過分用力,使前臂發力,令對三角肌的負荷減弱。

VARIATION

把手臂放在身體前方,從小指方向往上舉起的話,能刺激三角肌後束。老手可以用複合組來練習上述兩個項目

平板側平舉

鍛鍊到的肌肉

contract 項目

主動肌 ▶三角肌（尤其是中束）

協同肌 ▶斜方肌

斜方肌

三角肌中束

三角肌前束

STARTING POSITION

▶訓練方法

呼吸

❶把可調式訓練椅的角度調至60度左右。身體趴在椅上，雙腳距離保持大於肩寬。用啞鈴槓身與身體平行的狀態，雙手拿起啞鈴，手肘微屈。

❷保持手肘微屈，肩關節像畫圓一般舉起啞鈴。手臂上抬到肩膀高度。

❸感覺到主動肌收縮後，緩慢地放下啞鈴，回到起始姿勢。之後依照需要的次數重複此動作。

舉起時吸氣，放下時吐氣。

TRAINING

BIO MECHANICS

斜方肌
三角肌後束
三角肌中束

▶生物力學重點

❶此項目不適合使用高重量,需比一般的側平舉降低重量。注意要使用舉起時能感受到肌肉收縮的重量。

❷舉起時吸氣,放下時吐氣。因身體呈俯臥狀態,如在舉起時吐氣,胸部會受壓而使得收縮感變弱。因此吸吐氣順序與一般項目相反。

❸將身體靠在60度的訓練椅上,能在體幹固定狀態下伸展三角肌。

VARIATION

把啞鈴往前方舉起的話,便稱為前平舉,能刺激三角肌前束。老手可以用複合組來練習上述兩個項目

啞鈴立正划船

鍛鍊到的肌肉

**contract
項目**

主動肌 ▶ 三角肌（尤其是中束）
協同肌 ▶ 斜方肌

三角肌中束

STARTING POSITION

▶ 訓練方法

❶ 以站姿進行，雙腳距離約與腰同寬。背打直，抓握啞鈴時掌心朝向身體，採用拇指與四指同側的虛握法。不要完全伸直手肘。

❷ 上半身不要往後或收起肩胛骨，保持背打直的姿勢舉起啞鈴。舉起時，想像利用手肘發力，而不是手腕。

❸ 感覺到主動肌收縮後，緩慢地放下啞鈴，回到起始姿勢。之後依照需要的次數重複此動作。

呼吸

▼

在舉起（或準備開始舉起）啞鈴前吸氣，在結束姿勢（舉到最高點）時憋氣，邊吐氣邊放下。

TRAINING

BIO MECHANICS

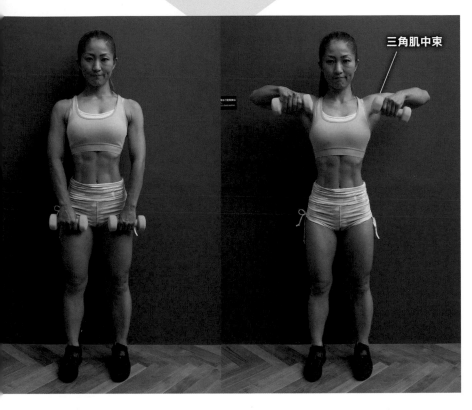

三角肌中束

▶生物力學重點

❶一般的立正划船通常會使用槓鈴，但如此一來動作軌道會被固定，因此肩鎖關節容易受傷。使用啞鈴時自由度較高，能減輕對肩鎖關節的負擔。
❷此項目的活動範圍比使用槓鈴時更廣。

POINT

過程中保持背部挺直，不要駝
背或前傾

繩索交叉側平舉

鍛鍊到的肌肉

stretch
項目

| 主動肌 | ▶ 三角肌（尤其是中束） |
| 協同肌 | ▶ 斜方肌 |

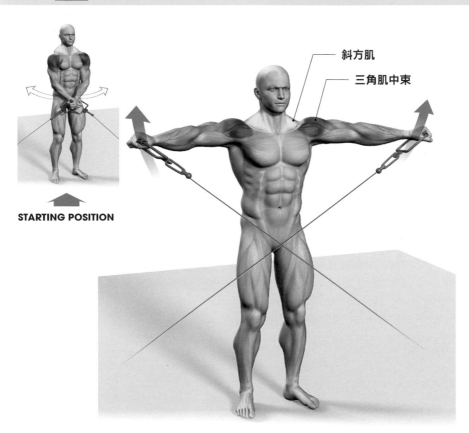

斜方肌

三角肌中束

STARTING POSITION

▶訓練方法

❶以站姿進行，雙腳距離約與肩同寬，在身體前方以交叉方式握住繩索把手。手肘微屈。盡量用拇指與四指同側的虛握法。為了不讓把手相互碰撞，上半身稍微前傾。

❷保持手肘微屈，肩關節像畫圓一般拉起繩索。手臂上抬到肩膀高度。

❸感覺到主動肌收縮後，緩慢地放下把手，回到起始姿勢。之後依照需要的次數重複此動作。

呼吸

▼

在拉起（或準備開始拉起）把手前吸氣，在結束姿勢（拉到最高點）時憋氣，邊吐氣邊放下。

TRAINING

BIO MECHANICS

斜方肌
三角肌中束

▶生物力學重點

❶此為不適合使用高重量的單關節（孤立式）項目。切勿利用反作用力，應使用自己能承受的重量。

❷使用繩索的優點是能從起始到結束姿勢的整個過程中持續施加固定負荷。因此更容易感受到主動肌的收縮及伸展。

❸起始姿勢時，無論哪一隻手在前面都沒關係，用自己覺得舒服的方式即可。

LEVEL UP

熟練之後可以不使用把手，直接以手指勾住繩索末端的球體來進行。因不使用握力，應該能更容易感受三角肌的運動以及用手肘帶動動作的感覺

Around The World

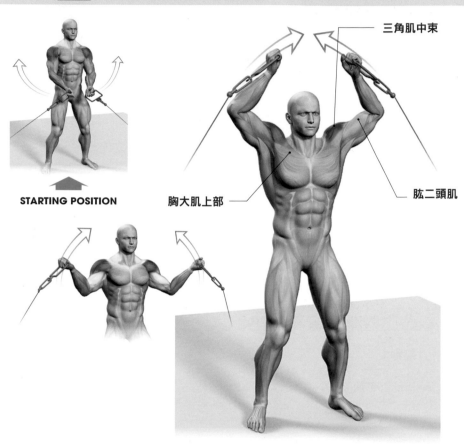

三角肌中束

肱二頭肌

胸大肌上部

STARTING POSITION

▶訓練方法

呼吸

❶以站姿進行，雙腳距離約與肩同寬，在身體前方握住繩索把手。與繩索側平舉一樣，手肘微屈，但繩索不用交叉。拇指實握把手即可。上半身保持挺直，手背稍微朝下（手腕屈曲）。

❷保持手肘微屈，肩關節像畫弧一般拉起繩索把手。

❸提起手肘，再進一步拉起把手超過頭頂，盡量拉近雙手拇指。感覺到主動肌收縮後，緩慢地放下把手，回到起始姿勢。之後依照需要的次數重複此動作。

在拉起（或準備開始拉起）把手前吸氣，在結束姿勢（拉到最高點）時憋氣，邊吐氣邊放下。

TRAINING

BIO MECHANICS

三角肌中束

肱二頭肌

胸大肌上部

▶生物力學重點

❶雖然是不適合使用高重量的單關節（孤立式）項目，但能夠同時刺激三角肌前束及中束，是高效率的項目。切勿利用反作用力，應使用自己能承受的重量。

❷使用繩索的優點是能從起始到結束姿勢的整個過程中持續施加固定負荷。若使用啞鈴，因受重力影響，就連一開始刺激較弱的動作也會施加一定負荷。

❸應將肩膀向下沉（肩胛骨下壓），以肩關節為支點進行動作。結束姿勢時注意感受主動肌的收縮。

POINT

到中間為止的動作都跟繩索側平舉一樣。注意以手肘發力帶動繩索

67

雙手啞鈴擺盪

鍛鍊到的肌肉

contract
項目

主動肌 ▶三角肌
協同肌 ▶斜方肌、胸大肌上部、肱二頭肌

STARTING POSITION

斜方肌

三角肌前束

三角肌中束

▶訓練方法

❶以站姿進行，雙腳距離約與腰或肩同寬。用槓身與身體平行的狀態，雙手拿起啞鈴。手肘微屈，把啞鈴舉起至比三角肌高一個拳頭左右的高度，結束姿勢與「側平舉」相同。

❷從手背朝上的狀態，一邊翻轉讓掌心朝上，一邊把雙臂往身前靠攏，把啞鈴移動到臉前方。動作中把啞鈴維持在鼻尖的高度。

❸把啞鈴移動到臉前方之後，以同樣的軌跡回到起始姿勢。動作節奏保持緩慢，參考指標是用1秒移動到臉前方、再用1秒回復至起始姿勢。之後依照需要的次數重複此動作。

呼吸

▼

一邊吐氣一邊靠攏雙臂，一邊吸氣一邊打開雙臂。

TRAINING

BIO MECHANICS

斜方肌
三角肌中束

三角肌前束

▶生物力學重點

❶此項目不太會運用到棘上肌。因此即使是覺得肩推及側平舉很困難的人，也可以嘗試此項目。

❷動作中不要完全伸直手肘，同時要徹底打開胸口。

❸此項目能同時刺激三角肌的前束、中束及後束。在選擇啞鈴時，應挑選手臂張開時感受到三角肌後束收縮、在靠攏時三角肌前束感到負荷的重量。

❹不能用太重的重量，應比一般的側平舉更輕。

POINT

過程中應把啞鈴維持在鼻尖的高度

啞鈴後肩划船

鍛鍊到的肌肉

主動肌 ▶三角肌（尤其是後束）

協同肌 ▶斜方肌、大圓肌、背闊肌

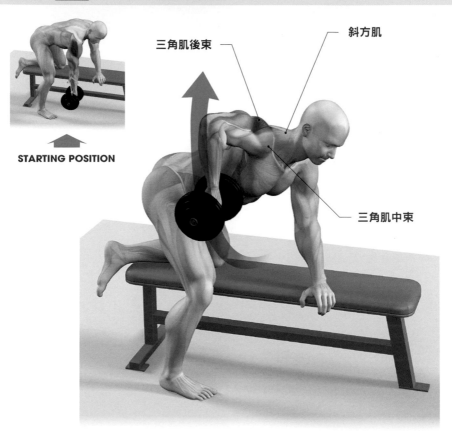

STARTING POSITION

斜方肌

三角肌後束

三角肌中束

▶訓練方法

❶在平板椅旁採俯身姿勢。單手扶著平板椅，膝蓋半跪坐在上，盡量讓上半身角度與地面平行。

❷以手背朝向前方、肩膀下沉的姿勢單手拿起啞鈴。手肘不要完全伸直。

❸打開腋下，以肩關節為支點像畫圓一般舉起手肘。感覺是以手肘來帶動動作，而不是肩胛骨。感覺到主動肌收縮後，緩慢地放下啞鈴，回到起始姿勢。之後依照需要的次數重複此動作。

呼吸

在舉起（或準備開始舉起）啞鈴前吸氣，在結束姿勢（舉到最高點）時憋氣，邊吐氣邊放下。

TRAINING

BIO MECHANICS

斜方肌
三角肌後束
三角肌中束

▶生物力學重點

❶如動作時收緊腋下，會變成背部項目中的單手划船姿勢，運用到背闊肌等的肌肉。

❷三角肌後束是小型的肌肉，因此基本上不能負擔高重量。如勉強使用過重的重量，會運用到背闊肌及大圓肌等的肌肉，結果使得對三角肌後束的刺激減弱。

❸肩胛骨不能後縮。雖然這是所有三角肌後束項目都要注意的地方，但把手肘往後拉一定會令肩胛骨收緊（肩胛骨內收），因此若過分執著於「肩胛骨不能後縮」這一點，會無法順利舉起啞鈴。

NG!

不要收緊腋下，如收緊腋下令肩胛骨後縮，會變成鍛鍊背部的項目

臉拉

鍛鍊到的肌肉

contract
項目

主動肌 ▶三角肌（尤其是後束）

協同肌 ▶斜方肌

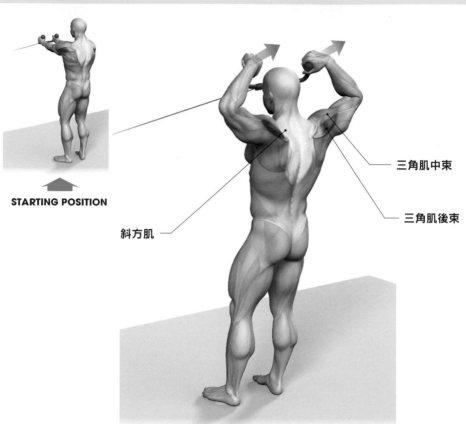

STARTING POSITION

三角肌中束

三角肌後束

斜方肌

▶訓練方法

❶站在滑輪機前，雙腳距離約與腰同寬，背打直，以雙手握住繩索。機器的高度應設定在比自己的身高稍高的位置。

❷打開腋下，拇指皆要朝著自己的方向。徹底打開胸口，以肩關節為支點用手肘帶動繩索拉向嘴邊。不要駝背。

❸感覺到主動肌收縮後，緩慢地伸展手肘，回到起始姿勢。之後依照需要的次數重複此動作。

呼吸

在拉起（或準備開始拉起）繩索前吸氣，在結束姿勢（拉到最緊）時憋氣，邊吐氣邊伸展手肘。

TRAINING

BIO MECHANICS

三角肌中束

斜方肌

三角肌後束

▶生物力學重點

❶不要使用反作用力太大的重量。應使用在結束姿勢時能清楚感受主動肌收縮的重量。此外，重量過重會令身體前縮，應以背部挺直的姿勢進行訓練。

❷不要過度用力握住繩索，這樣會變成運用前臂力量。

❸動作中維持手肘朝外的狀態（肩胛骨內旋）。

❹此項目較難掌握要點。如無法抓到感覺的人，可嘗試改用跪姿。

POINT

用手指勾住繩索前端的球狀部分，便能在不太使用握力的狀態下進行動作

12 反向飛鳥

鍛鍊到的肌肉

主動肌 ▶三角肌（尤其是後束）
協同肌 ▶斜方肌

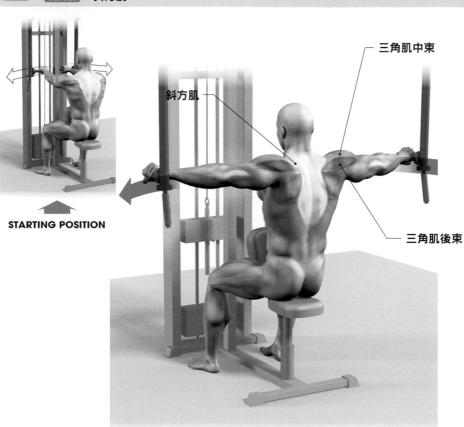

三角肌中束

斜方肌

三角肌後束

STARTING POSITION

▶訓練方法

呼吸

❶面向滑輪機的椅背坐下。上半身稍微前傾（角度約為90～70度），肩膀下沉，打開胸口。手背朝上握住把手，手肘微屈。手臂高度比雙手平舉時略低。

❷維持手肘朝外的狀態（肩關節輕微內旋的狀態），固定好手腕及手肘，以肩關節為支點把手臂往後拉。

❸感覺到主動肌收縮後，緩慢地放鬆把手，回到起始姿勢。之後依照需要的次數重複此動作。

張開雙臂時吸氣，在結束姿勢（拉到最後）時憋氣，邊吐氣邊恢復原位。

TRAINING

BIO MECHANICS

▶生物力學重點

❶雖然三角肌後束項目的感覺比較難掌握，但此項目的軌道是固定的，因此較容易集中鍛鍊目標肌肉。

❷基本上高度維持在比雙手平舉時略低，但實際高度因人而異。把高度調整至能感受三角肌後束收縮的位置，以自己最舒服的姿勢進行即可。

斜方肌　　　三角肌中束

三角肌後束

POINT

把手握法為手背往上，小指側貼著滑輪機機身。此姿勢能更容易感受三角肌後束的收縮

上斜三角肌擺盪

鍛鍊到的肌肉

contract
項目

主動肌 ▶三角肌（尤其是後束）

協同肌 ▶斜方肌、大圓肌

STARTING POSITION

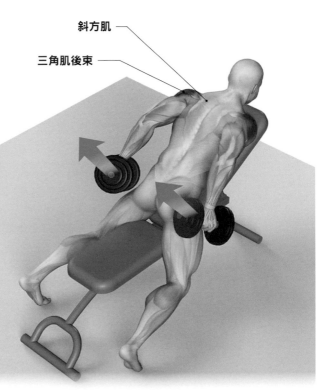

斜方肌

三角肌後束

▶訓練方法

❶把可調式訓練椅的角度調至30度左右。身體趴在椅上，雙腳距離大於肩寬。用槓身與身體平行的狀態，雙手拿起啞鈴。手肘微屈，拇指要實握啞鈴。拇指側握著槓身最前端，小指側則留有空間。
❷固定好手腕與手肘，打開胸口，慢慢把啞鈴舉向後方。
❸感覺到主動肌收縮後，緩慢地放下啞鈴回到起始姿勢。之後依照需要的次數重複此動作。

呼吸

▼

舉起啞鈴時吸氣，一邊吐氣一邊放下。

TRAINING

BIO MECHANICS

斜方肌

三角肌後束

肱三頭肌

▶生物力學重點

❶因身體處於穩定狀態,能專注訓練三角肌後束。但要注意如使用重量太重,會形成手肘張開的姿勢,刺激到背闊肌及大圓肌等。

❷身體趴在訓練椅上,因胸部受壓容易變成駝背姿勢。在肌肉收縮時,盡量把視線及下巴往上抬起,令上半身挺直。

VARIATION

把手臂橫向舉起的話,便是稱為三角肌平舉的姿勢。如以三角肌平舉→三角肌擺盪的複合組來訓練,能對三角肌後束帶來更強的刺激

健身的今與昔

～必須知道的訓練原理及原則～

現在的健身項目形形色色，大眾能夠輕易在社群平台或Youtube上獲得相關資訊，是個能有效鍛鍊身體的時代。

在我剛開始健身的那個時代，手機與網路都尚未普及，想要獲得相關資訊相當困難。當時的我是購買健身相關的書籍與專門雜誌等自學，一直重複做一些基本項目的訓練。

現在，我也經常參考社群平台等的資訊進行鍛鍊，但訓練均以基礎自由重量的孤立式項目及複合項目為主。雖然有很多能有效協助鍛鍊的機器設備，但我覺得正因為有基礎訓練的底子，才能好好利用這些機器，讓身體更加強壯。

健身有所謂「三大原理」。

1：超負荷原理…若每次的運動強度相同，則不會有效果。

2：可逆性原理…若停止訓練，透過訓練獲得的效果將會消失。

3：特異性原理…訓練內容與效果成正比。

此外還有「五大原則」。

1：全面性原則…平衡鍛鍊全身肌肉。

2：意識性原則…要有意識地鍛鍊肌肉。

3：漸進式原則…應循序漸進地提升訓練負荷及難度。

4：個體化原則…應進行符合自身需求及能力的訓練。

5：重複性原則…持續訓練才會有效。

以上是古今不變的原理及原則。各位有沒有不小心忘記了呢？若只是因為覺得很帥而跟風訓練，或是因為太辛苦了就隨便放棄，這樣真的能改變身材嗎？

透過目標明確的訓練，身體會逐漸進化。正因現在是資訊隨手可得的時代，我們更應回到原點，享受更好的健身生活。　　　　　　　　　　　（豐島 悟）

胸部

肌肉

text by Satoru Toyoshima

THE TRAINING ANATOMY

CHAPTER 03

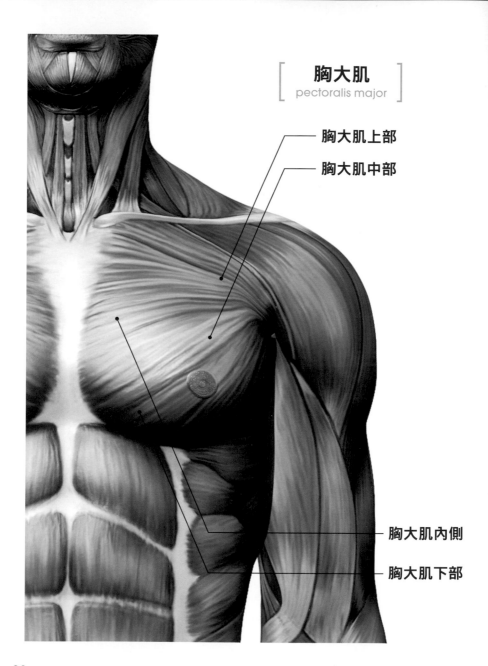

胸大肌
pectoralis major

胸大肌上部

胸大肌中部

胸大肌內側

胸大肌下部

胸大肌

- 胸大肌上部
- 胸大肌中部
- 胸大肌內側
- 胸大肌下部

必須經過鍛鍊才會發達的肌肉

　　說到位於表層的胸部肌肉，不得不提胸大肌。它掌管肩關節的內收、內旋、屈曲及水平內收，也是組成所謂「胸膛」的大型肌肉。根據起端及止端的不同，胸大肌可分為「上部」、「中部」及「下部」。有關胸大肌項目的基本知識包括：

- ・把手臂推往斜上方的動作＝運用胸大肌上部
- ・於軀幹前靠攏手臂的動作＝運用胸大肌中部及內側
- ・把手臂壓向斜下方的動作＝運用胸大肌下部

請各位記住。

　　與腿部及背部等比較，我們日常生活中的動作不太會使用到胸部肌肉。在普通的生活動作中，算是較少受到鍛鍊的肌肉。

　　也正因日常生活動作中不太使用，如果不主動鍛鍊，胸部肌肉便不會發達。男性透過鍛鍊胸部整體的肌肉，能打造出屬於男子氣慨象徵的厚實胸膛。女性鍛鍊胸大肌上部，則是有豐胸效果。

史密斯上斜胸推

鍛鍊到的肌肉

mid-range 項目

| 主動肌 | ▶胸大肌（尤其是上部） |
| 協同肌 | ▶肱三頭肌、三角肌前束 |

胸大肌上部

STARTING POSITION

肱三頭肌

胸大肌中部及下部

▶訓練方法

呼吸

❶把可調式訓練椅的角度調至 30 ～ 40 度左右。因槓鈴軌道是固定的，故坐下時的位置十分重要。把訓練椅的位置調整至槓鈴放下時剛好位於鎖骨之上。仰躺在訓練椅上，以手肘屈曲時上臂及前臂呈直角的握距握住槓鈴。拇指要實握槓鈴。腳掌要確實踩穩，打開胸口。

❷解開史密斯機器的槓鈴鎖，保持手肘伸直的姿勢，然後屈曲手肘，把槓鈴放下至鎖骨之上。

❸打開胸口，保持肩胛骨內收的狀態，舉高槓鈴。之後依照需要的次數重複此動作。

擴張胸口時（放下槓鈴時）吸氣，恢復時（舉高槓鈴時）吐氣。如使用高重量，在動作開始前吸氣，邊憋氣邊放下槓鈴，在超過障礙點時吐氣。

TRAINING

胸大肌上部

肱三頭肌

胸大肌
中部及下部

▶生物力學重點

❶史密斯機器的優點在於軌道是固定的,因此針對「把手臂推往斜上方」的項目不會造成動作偏移,能集中鍛鍊胸大肌上部。

❷應把肩胛骨收緊,想像「用肩胛骨承受重量」來進行動作。

❸打開胸口但腋下不要夾緊,腋下與上臂的角度應維持在60度左右。不過需注意如腋下過分張開,容易對肩鎖關節、肱二頭肌的長頭肌腱及棘上肌帶來負擔。

POINT

應調整槓鈴的位置,令其放下時剛好位於鎖骨之上。因史密斯機器的軌道是固定的,故位置的調整十分重要

上斜啞鈴飛鳥

鍛鍊到的肌肉

stretch 項目

主動肌 ▶胸大肌（尤其是上部）
協同肌 ▶三角肌前束、肱二頭肌

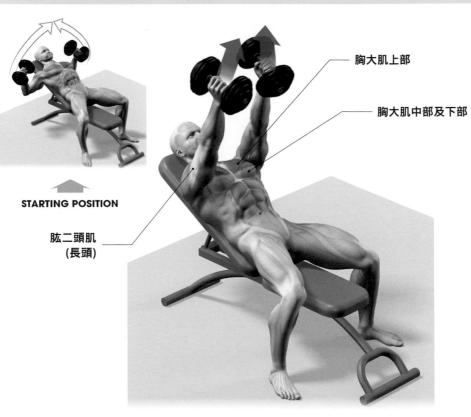

STARTING POSITION

胸大肌上部

胸大肌中部及下部

肱二頭肌
（長頭）

▶訓練方法

❶把可調式訓練椅的角度調至30～40度左右。仰躺在訓練椅上，以掌心相對的方向握住啞鈴。肩胛骨內收、打開胸口，肩膀下沉把拳頭朝向天花板。

❷把啞鈴往中間高舉，維持拳頭朝向天花板，同時收縮胸部。肩胛骨收緊，肩膀不要內突。

❸感覺到主動肌收縮後，緩慢地放下手肘回到起始姿勢。此時仍要保持拳頭朝向天花板。放下手肘時，想像手肘到前臂是在描繪三角形般，回到起始姿勢。之後依照需要的次數重複此動作。

呼吸

▼

擴張胸口時（放下啞鈴時）吸氣，恢復時（舉高啞鈴時）吐氣。如使用高重量，在動作開始前吸氣，邊憋氣邊放下啞鈴，在超過障礙點時吐氣。

TRAINING

BIO MECHANICS

胸大肌
中部及下部

▶生物力學重點

❶起始姿勢時手肘不要太過於張開,
前臂應與地面垂直。

❷若張開手肘,把胸大肌做最大限度
的伸展,容易對肩膀、手肘及手部關
節帶來負擔。

❸腋下張開的角度約60度左右。若
過分張開會對肩膀及手肘帶來負擔。

NG!

手肘若過分張開,雖能伸展胸大
肌,但會對肩膀、手肘及手部關
節造成負擔,容易導致受傷

反握臥推

鍛鍊到的肌肉

| 主動肌 | ► 胸大肌（尤其是上部） |
| 協同肌 | ► 肱二頭肌、三角肌前束 |

STARTING POSITION

胸大肌上部及中部

肱二頭肌

胸大肌下部

►訓練方法

呼吸

①仰躺在平板椅上，眼睛視線正對槓鈴的正下方。把後頭部、肩膀及臀部固定在平板椅上，腰部稍微抬起，腳掌踩穩。以掌心朝上的握法（前臂旋後）握住槓鈴，握距約為肩寬的1.5倍。

②以肩胛骨收緊、打開胸口的姿勢，從槓鈴架上取出槓鈴，往胸前或腹上區（胸骨下方凹陷處）放下，直至槓鈴碰到身體。

③維持胸口張開、肩胛骨收緊的姿勢，把槓鈴上舉，回到起始姿勢。之後依照需要的次數重複此動作。

擴張胸口時（放下槓鈴時）吸氣，恢復時（舉高槓鈴時）吐氣。如使用高重量，在動作開始前吸氣，邊憋氣邊放下槓鈴，在超過障礙點時吐氣。

TRAINING

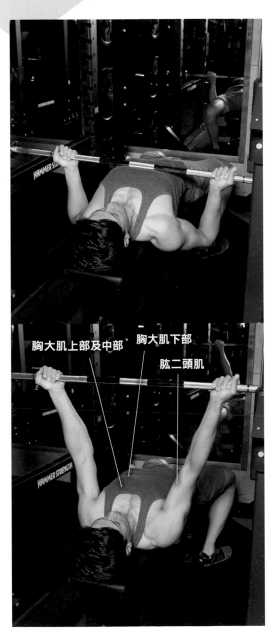

BIO MECHANICS

▶生物力學重點

❶應以手掌掌根承托槓鈴的重量，用手掌來握會難以平衡，亦會對手腕造成負擔。此外，相較於實握法，採用拇指與四指同側的虛握法更不容易造成負擔。

❷此動作不太使用肩關節（棘上肌），但十分依賴三角肌前束及二頭肌的力量。此動作容易造成肱二頭肌過度伸展，若因上斜啞鈴彎舉造成肩膀疼痛或肱二頭肌長頭肌腱疼痛的人需要注意。

❸動作與脊椎彎舉相近。

胸大肌上部及中部　胸大肌下部

肱二頭肌

以手掌掌根承托槓鈴。承托的位置不是手掌而是手腕正上方

87

大飛鳥（胸大肌上部）

鍛鍊到的肌肉

| 主動肌 | ▶ 胸大肌（尤其是上部） |
| 協同肌 | ▶ 肱二頭肌、三角肌前束 |

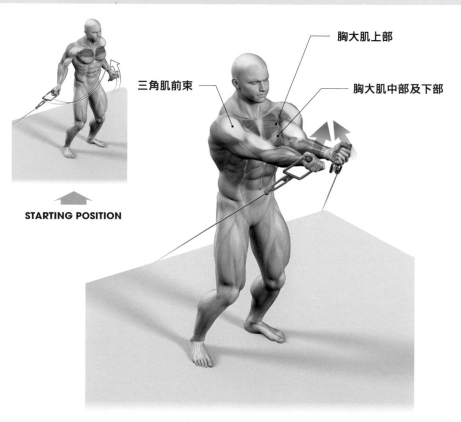

胸大肌上部

三角肌前束

胸大肌中部及下部

STARTING POSITION

▶ 訓練方法

❶ 把雙軌滑輪機的滑輪位置設定為最低。雙腳距離約與腰同寬，雙手握住把手。掌心朝上（前臂旋後），不要過於用力緊握把手，以雙手勾住的力度握住即可。肩胛骨收緊、打開胸口，肩膀下沉。手肘不要完全伸直。臀部稍微後推，上半身略微前傾10度左右。

❷ 固定好手腕及手肘，往上提起把手，雙手舉高，盡量令雙手的小指靠攏。

❸ 感覺到主動肌收縮後，緩慢地放下把手，回到起始姿勢。之後依照需要的次數重複此動作。

呼吸

▼

擴張胸口時（放下把手時）吸氣，恢復時（舉高把手時）吐氣。

TRAINING

三角肌前束

胸大肌上部

胸大肌
中部及下部

▶生物力學重點

❶此項目於胸大肌上部能感受到強烈的向心收縮。在結束姿勢時下巴內收，能獲得更強的收縮感。

❷所有大飛鳥項目的共通點為，若胸部收緊，肩膀會往前縮。進行動作時注意不要讓肩膀前縮，維持胸口張開的狀態拉高把手。

❸不要用肱二頭肌來拉高把手。若使用的重量過重，會不自覺地使用肱二頭肌及前臂的力量。

若使用的重量過重，會不自覺地使用肱二頭肌來拉高把手。應選擇能明確感受胸大肌收縮的重量來訓練

大飛鳥（胸大肌中部）

鍛鍊到的肌肉

主動肌 ▶胸大肌（尤其是中部）
協同肌 ▶肱三頭肌、三角肌前束

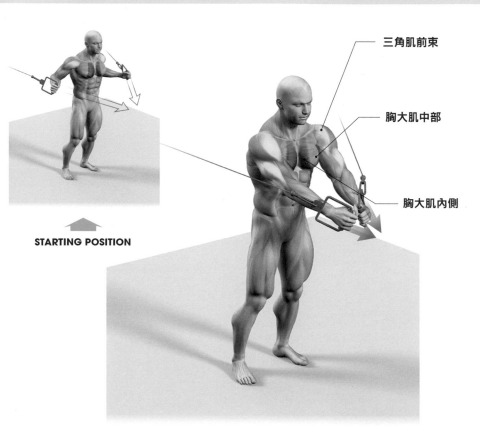

三角肌前束

胸大肌中部

胸大肌內側

STARTING POSITION

▶訓練方法

❶把雙軌滑輪機的滑輪位置設定為比肩膀更高。雙腳距離約與腰同寬，以掌心相對的姿勢雙手握住把手。肩胛骨收緊，打開胸口。臀部稍微後推，上半身略微前傾10度左右。
❷不要鎖住肘關節，以抱住的感覺把雙手拉近。
❸感覺到主動肌收縮後，緩慢地放下把手，回到起始姿勢。之後依照需要的次數重複此動作。

呼吸
▼
擴張胸口時（放下把手時）吸氣，恢復時（拉近把手時）吐氣。

TRAINING

三角肌前束

胸大肌中部

胸大肌內側

▶生物力學重點

❶因肩膀會往前,故不要完全伸直手肘。雙手往回放鬆時,想像肩胛骨收緊,直至停在胸部完全伸展開來的位置。

❷根據訓練方法不同,此項目可以是離心收縮訓練或向心收縮訓練。如想進行離心收縮訓練,可使用具一定重量的負荷,以爆發性的動作往前拉令肌肉收縮,再緩慢地放鬆。若想進行向心收縮訓練,則可保持穩定緩慢的節奏,不論前拉還是放鬆時都以同樣速度進行。

POINT

上臂要與軀幹呈90度,以「雙手平舉」的高度進行動作

槓片胸推

鍛鍊到的肌肉

contract 項目

主動肌 ▶胸大肌
協同肌 ▶肱三頭肌、三角肌前束

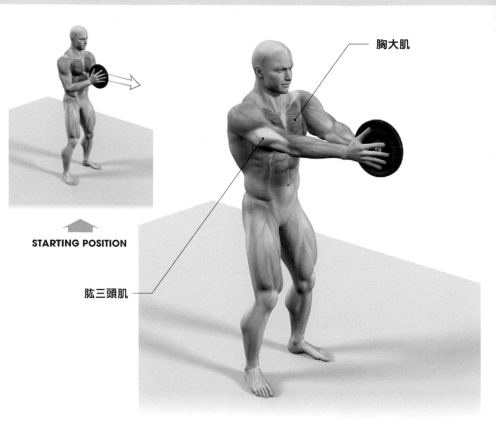

胸大肌

STARTING POSITION

肱三頭肌

▶訓練方法

❶肩膀下沉，打開胸口，手肘微屈。以雙手夾住槓片等訓練道具，用雙手掌根大力將其夾緊。

❷以往胸大肌內側擠壓般的感覺緩慢伸直手肘，把槓片推向前方。如想鍛鍊胸大肌上部，則可推往上方。但需注意角度愈高，手愈容易沒力，難度較高。

❸感覺到主動肌收縮後，維持掌根夾緊的姿勢，緩慢地彎曲手肘，回到起始姿勢。之後依照需要的次數重複此動作。進行此項目時肩膀容易上提，記得肩膀要下沉。

呼吸

▼

擴張胸口時（回到起始姿勢時）吸氣，恢復時（前推時）吐氣。

TRAINING

胸大肌

肱三頭肌

▶生物力學重點

❶此項目為維持發力狀態從而施加負荷的等長收縮項目。動作中需一直保持胸大肌收縮。

❷若張開腋下，更能刺激胸大肌內側。收緊腋下的話，則能刺激胸大肌外側。

❸注意動作時肩膀不要前突，不然會令胸大肌的收縮力度減弱。

❹此項目活動幅度較小，肩膀痛的人也適合進行，但肌肥大的效果不大。

VARIATION

如壓向下方會刺激胸大肌下部，推往上方則能刺激胸大肌上部。角度愈高，訓練難度愈高

讓碳水化合物冷卻 !?

~真的不能吃含醣食品嗎~

　　組成我們身體、作為能量來源的三大營養素，那就是「蛋白質」、「脂肪」及「碳水化合物」。以下將以「碳水化合物＝醣類」的前提來介紹我的想法。

　　因減醣飲食減肥法的流行，令很多人誤以為碳水化合物就是「邪惡」。的確，街上到處都能看到「零醣」、「低醣（low-carbon）」等宣傳字眼。醣類就是減肥的敵人、想瘦就不能吃碳水化合物──我猜這樣想的人應該不在少數。

　　但最近的研究發現，碳水化合物能透過冷卻產生質的變化。碳水化合物中的澱粉會變成名為「抗性澱粉（Resistant Starch）」的物質。

　　比起一般的澱粉，抗性澱粉在人體內更難以被消化，也因此更難作為熱量被身體吸收。也就是說，即使吃了也不容易發胖。此外，它更有在腸內發酵，增加益菌及減少壞菌的效果，能有助調理腸內環境。

　　普遍認為抗性澱粉在攝氏4度便會「變身」。舉例來說，把飯糰放到冰箱中冷藏，再放回常溫環境便可以了。好米即使冷掉還是好吃。碳水化合物是健身訓練中重要的能量來源。即使同是番薯，「烤番薯」跟「蒸番薯」的含醣量便完全不同，蒸番薯的含醣量相對較低。就算是一樣的食材，不同的料理方法也會改變當中的含醣量。請各位不要抱有「吃了便會變胖」的心態，對碳水化合物敬而遠之，嘗試吃吃看吧。

（豐島 悟）

第4章

肱二頭肌

text by Satoru Toyoshima

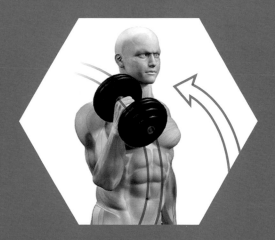

THE TRAINING ANATOMY

CHAPTER 04

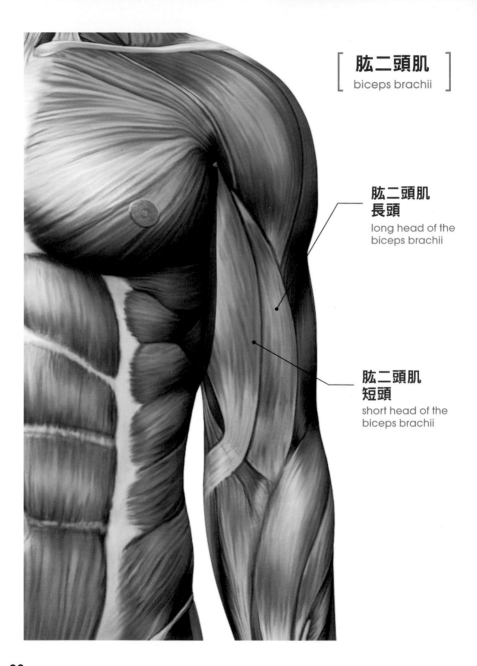

[肱二頭肌]
biceps brachii

**肱二頭肌
長頭**
long head of the
biceps brachii

**肱二頭肌
短頭**
short head of the
biceps brachii

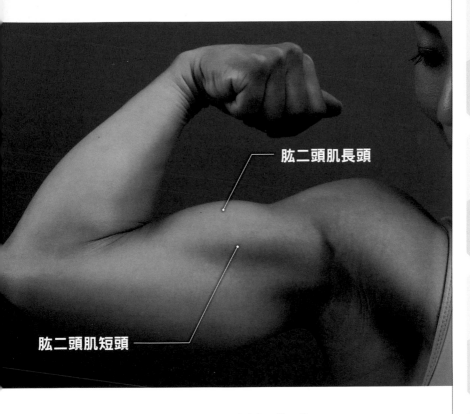

肱二頭肌長頭

肱二頭肌短頭

注意肱二頭肌長頭肌腱的疼痛

　　形成「小老鼠」的肱二頭肌，顧名思義，是由手臂內側的短頭及外側的長頭2條肌肉組合而成。「小老鼠」的頂端是長頭，下方則是短頭。肱二頭肌是橫跨肩關節及肘關節2個關節的肌肉，也負責控制肩關節的屈曲動作。此外，長頭負責肘關節的屈曲；短頭則負責肘關節屈曲及前臂的旋後。

　　鍛鍊肱二頭肌時需要注意，若在肱二頭肌項目使用高負荷的重量，有可能會造成長頭肌腱疼痛。若長頭肌腱受傷，會對推舉系的動作及訓練胸部及肩部的項目帶來影響。有不少感到肩膀疼痛的人，其實原因是在於肱二頭肌長頭肌腱出了問題。

　　特別是在進行推舉系項目時覺得肩膀疼痛的人，或許要先懷疑可能是長頭肌腱受傷。若有以上症狀，應重新調整肱二頭肌的訓練重量及頻率。

啞鈴錘式彎舉

鍛鍊到的肌肉

主動肌 ▶ 肱二頭肌、肱肌、肱橈肌
協同肌 ▶ 前臂伸肌群、前臂屈肌群

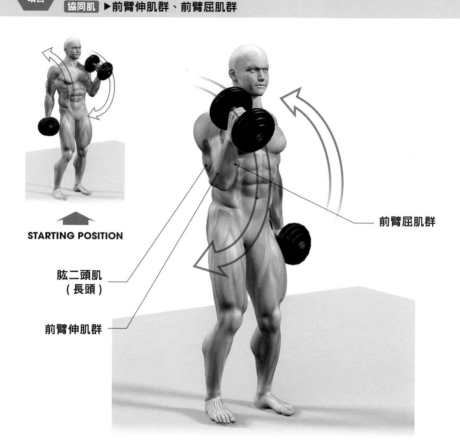

STARTING POSITION

前臂屈肌群

肱二頭肌
（長頭）

前臂伸肌群

▶訓練方法

❶背打直，雙腳距離略窄於肩寬。垂下手臂，雙手握住啞鈴。

❷固定手肘，以手肘為支點舉起啞鈴。此時不要轉動手腕，維持拇指朝上的姿勢。此外，肩膀亦要固定不動。

❸感覺到主動肌收縮後，一邊感受重量，一邊緩慢地回到起始姿勢。單邊的啞鈴放下後，再舉起另一邊的啞鈴。之後依照需要的次數重複此動作。

呼吸

▼

一邊吐氣一邊舉起啞鈴，一邊吸氣一邊放下。如使用高重量，在動作開始前吸氣，邊憋氣邊舉起啞鈴，並在結束姿勢時吐氣，然後一邊吸氣一邊放下。

TRAINING

BIO MECHANICS

肱二頭肌
（長頭）

前臂伸肌群

前臂屈肌群

▶生物力學重點

❶前臂以手肘為支點進行圓周運動。因動作不涉及肩關節故不易造成肩膀疼痛。

❷對肱二頭肌長頭肌腱的負擔不大，即使使用高重量，受傷風險仍然較低。

❸此項目能刺激上臂（主要是肱二頭肌長頭）及前臂肌群（主要是肱橈肌），能均衡鍛鍊整體手臂肌肉。

VARIATION

除了單手相互交錯，也可選擇同時舉起啞鈴的訓練方式。同時舉起啞鈴雖然會令軀幹更為穩定，但交錯舉起更能感受到主動肌的運動

脊椎彎舉

鍛鍊到的肌肉

stretch
項目

主動肌 ▶肱二頭肌、肱肌
協同肌 ▶肱橈肌、前臂屈肌群

STARTING POSITION

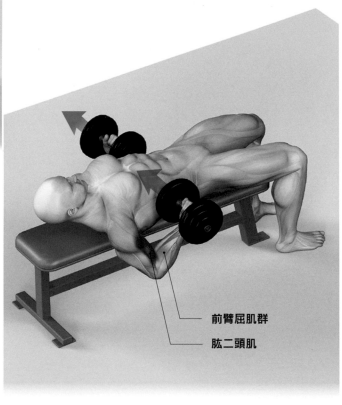

前臂屈肌群

肱二頭肌

▶訓練方法

❶仰躺在平板椅上，上臂垂下，盡量垂直於地面，雙手握住啞鈴。此時手肘不要完全伸直，以拇指向上的方式握住啞鈴。收緊肩胛骨，頭部稍微抬起。

❷固定手肘的位置，從小指那側舉起啞鈴（前臂旋後）。

❸感覺到主動肌收縮後，一邊感受重量，一邊緩慢地回到起始姿勢。之後依照需要的次數重複此動作。

呼吸
▼
一邊吐氣一邊舉起啞鈴，一邊吸氣一邊放下。

TRAINING

BIO MECHANICS

肱二頭肌

前臂屈肌群

▶生物力學重點

❶此項目能高度伸展肱二頭肌，伸展的感覺比上斜啞鈴彎舉更強。

❷前臂以手肘為支點進行圓周運動。結束姿勢的上臂應與地面垂直。

NG!

舉起啞鈴時，上臂盡量不要移動。應維持上臂位置固定，以手肘為支點舉起啞鈴

滑式彎舉

鍛鍊到的肌肉

主動肌 ▶肱二頭肌、肱肌
協同肌 ▶前臂屈肌群

STARTING POSITION

肱二頭肌

前臂屈肌群

▶訓練方法

呼吸

❶背打直站立，雙腳距離約與肩同寬。掌心朝前，反握槓鈴，握距約比肩寬多一個拳頭寬。手肘不要向兩側張開，肩膀下沉。

❷像以槓鈴摩擦腹部般，一邊把手肘拉向後方一邊垂直舉起槓鈴。肩膀拉緊，肩胛骨內收。

❸舉起槓鈴直至手臂與地面平行，感覺到主動肌收縮後，緩慢地回到起始姿勢。之後依照需要的次數重複此動作。

一邊吐氣一邊舉起槓鈴，在結束姿勢時完全吐出，一邊吸氣一邊放下。

TRAINING

BIO MECHANICS

肱二頭肌

前臂屈肌群

▶生物力學重點

❶雖不能使用高重量，但此項目能獲得強烈的向心收縮感。若與 stretch 項目的上斜彎舉及脊椎彎舉一併訓練，能全面刺激肱二頭肌。

❷手肘並不是「屈曲」，而是以「後拉」及「往後滑動」的感覺來進行。

❸若槓鈴過重，會無法獲得收縮感，故應選擇能感受收縮感的重量來訓練。此外，此動作要求高正確度，故不應利用反作用力。

NG!

不要縮起肩膀，不要運用斜方肌等肌肉

佐特曼彎舉

鍛鍊到的肌肉

主動肌 ▶肱二頭肌、肱肌、肱橈肌
協同肌 ▶前臂伸肌群、前臂屈肌群

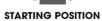

STARTING POSITION

肱二頭肌

前臂伸肌群

▶訓練方法

❶背打直站立,雙腳距離約與肩同寬。掌心朝前,反握槓鈴。

❷以手肘為支點,收縮肱二頭肌,舉起啞鈴。

❸啞鈴舉到最高後,一邊把拇指向內側旋轉一邊讓手背朝上(手腕旋前),以手肘為支點,放下啞鈴。

❹把拇指向外側旋轉一邊讓掌心朝前(手腕旋後),回到起始姿勢。之後依照需要的次數重複此動作。

呼吸
▼
一邊吐氣一邊舉起啞鈴,一邊吸氣一邊放下。

TRAINING

BIO MECHANICS

肱二頭肌

前臂伸肌群

▶生物力學重點

❶此項目能同時鍛鍊肱二頭肌及前臂。反握彎舉的主動肌為前臂及肱肌,在向心收縮(正向)動作時不能使用過重的負荷;但此項目的向心收縮動作,因主要使用的肌肉是肱二頭肌,所以能承受高負荷。因而在離心收縮(負向)動作中,也比反握彎舉能承受更高的重量。

❷雖然能承受的重量比反握彎舉高,但不能使用普通啞鈴彎舉的重量。

POINT

起始姿勢時要以手肘為支點舉起啞鈴,讓
肱二頭肌確實地收縮

滑輪屈膝彎舉

鍛鍊到的肌肉

contract
項目

主動肌 ▶ **肱二頭肌、肱肌**
協同肌 ▶ **前臂屈肌群**

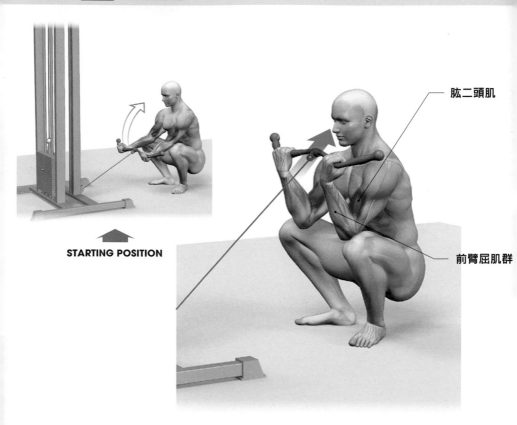

肱二頭肌

STARTING POSITION

前臂屈肌群

▶訓練方法

❶面對滑輪機蹲下，把雙手手肘放在膝蓋或膝蓋內側（股內側肌）固定，反握把手。

❷用力收緊腋下令手肘不要移位，以手肘為支點，收縮肱二頭肌，拉動繩索。

❸感覺到主動肌收縮後，緩慢地回到起始姿勢。之後依照需要的次數重複此動作。

呼吸

▼

一邊吐氣一邊拉動繩索，一邊吸氣一邊放鬆。

TRAINING

BIO MECHANICS

肱二頭肌

前臂屈肌群

▶生物力學重點

❶此項目為能使肱二頭肌強烈收縮的向心收縮訓練。若使用的重量過重會令刺激減弱。

❷手肘雖可放在膝蓋上，但膝蓋的緩衝度較低。若把手肘放在膝蓋內側，股內側肌可起緩衝作用。

❸若以單手進行動作，更能集中鍛鍊肱二頭肌肌峰（小老鼠頂端）。

POINT

手肘放在膝蓋的內側，股內側肌可起緩衝作用，順暢地進行鍛鍊

植物性蛋白質 or 動物性蛋白質？

～組成身體細胞的重要營養素～

　　「吃」對於健身來說，是無法分割的重要部分。為打造身體而進行訓練的三大原則是：

・營養

・休息

・訓練

當中最重要的便是「營養」。而人類的身體組成及日常生活中，最為重要的營養素是蛋白質。

　　蛋白質可分為以下兩大類：

・植物性蛋白質（大豆、穀物、蔬菜等）

・動物性蛋白質（肉、魚、雞蛋等）

　　提到打造身體所需的蛋白質，各位可能會馬上聯想到肉、魚、雞蛋及乳製品等食物。的確，對實際有在鍛鍊身體的人而言，主要攝取動物性蛋白質的人較多。

　　事實上，因為我不太喜歡吃雞肉，所以蛋白質的來源主要是魚類。以前的人總會說，光吃魚不會長肌肉喔，但現在愈來愈多人積極攝取魚肉，作為健身的重要蛋白質來源。

　　最近，以豆類（主要是大豆、豌豆）加工而成的「植物肉」亦愈來愈多。這些則是植物性蛋白質。

　　因宗教規定或是歐美各國的健康熱潮帶動，現在植物肉已成為第二大的蛋白質來源。日本自古以來，也有以大豆為原料的納豆及豆腐等食品，日本人可說是對植物性蛋白質再也熟悉不過。

　　若偏向只攝取動物性蛋白質，患上文明病的風險也會提高。動物性蛋白質或植物性蛋白質各有好處，因此希望各位不要只偏向攝取其中一方，而是兩者都要均衡攝取。

　　經過測試發現，同時攝取動物性蛋白質及植物性蛋白質，會提升人體內吸收蛋白質的效率，此外亦有抑制肌肉萎縮的效果。從以上研究結果可以得知，比起只吃單一種蛋白質，同時攝取兩種蛋白質更能在體內有效地吸收。

　　另外，昆蟲作為未來蛋白質的主要來源，亦正備受矚目。但包括我在內，相信各位仍需要一點時間，去接受這種新的蛋白質。真是期待未來的研究結果呢。

（豐島悟）

第5章

肱三頭肌

text by Satoru Toyoshima

THE TRAINING ANATOMY

CHAPTER 05

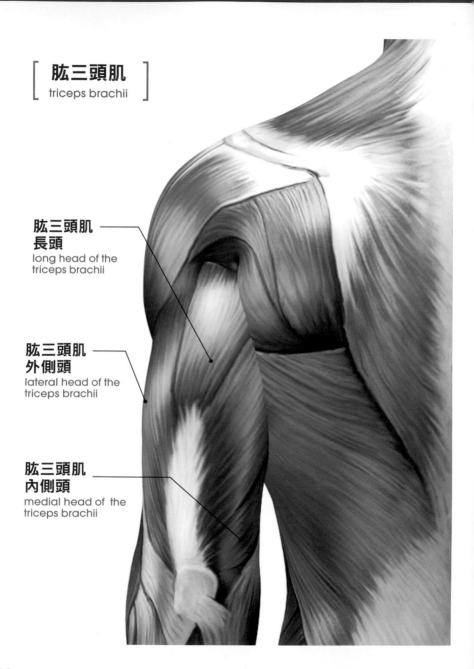

肱三頭肌
triceps brachii

肱三頭肌
長頭
long head of the
triceps brachii

肱三頭肌
外側頭
lateral head of the
triceps brachii

肱三頭肌
內側頭
medial head of the
triceps brachii

對提升
手臂粗度來說
十分重要的肌肉

肱三頭肌由長頭、外側頭及內側頭3條肌肉組成。長頭從肩胛骨連接至尺骨；外側頭及內側頭則從肱骨連接至尺骨。其主要負責肘關節伸展的動作。

不少人想要打造粗壯手臂，而拚命鍛鍊肱二頭肌，但其實肱三頭肌的體積比肱二頭肌更大。若肱二頭肌是手臂的「臉」，那麼肱三頭肌就是手臂的「身體」。而「小老鼠」，則是手臂的「表情」。雖然決定自己給別人的印象時，表情十分重要，但想要呈現出壯碩的感覺，靠的還是「身體」。如果想要提升手臂粗度，那麼最重要的便是肱三頭肌。

此外，肱三頭肌的特徵是它能承受高重量。也因此在訓練時，有可能會令手肘受傷，需要多加注意。後面將介紹的單手三頭肌滑輪伸展，不但能同時集中感受肌肉的伸展與收縮，能承受高重量的同時也十分安全，是個優秀的項目，個人十分推薦。

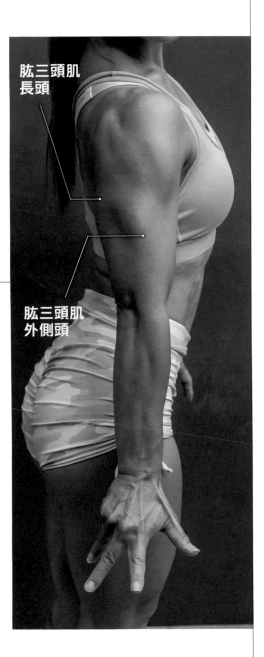

肱三頭肌
長頭

肱三頭肌
外側頭

史密斯窄握三頭肌推舉

鍛鍊到的肌肉

主動肌 ▶ 肱三頭肌
協同肌 ▶ 前臂屈肌群、胸大肌

STARTING POSITION

肱三頭肌

肱三頭肌

▶ 訓練方法

呼吸
▼

❶仰躺在平板椅上，眼睛視線正對槓鈴的正上方。以肩膀放下的狀態握住槓鈴，握距約與肩同寬。建議採用拇指與四指同側的虛握法。

❷解開史密斯機器的槓鈴鎖，手肘可以是伸直的狀態。收緊腋下，放下槓鈴時手肘不要打開，且槓鈴不要碰到胸口。放下至距離胸口一個拳頭左右的高度。

❸感覺到主動肌伸展後，舉起槓鈴，回到起始姿勢。如使用較輕重量，更容易意識到以虛握法進行時掌根的動作。之後依照需要的次數重複此動作。

放下槓鈴時吸氣，舉起時吐氣。如使用高重量，在動作開始前吸氣，邊憋氣邊放下槓鈴，在超過障礙點時吐氣。

TRAINING

BIO MECHANICS

肱三頭肌

肱三頭肌

▶生物力學重點

❶此項目為複合（多關節）項目，主要刺激肱三頭肌的內側頭。

❷若槓鈴放下碰到胸口，會令肱三頭肌的參與力度減少，胸大肌的參與力度增加。

❸雖然收緊肩胛骨能減輕肩關節的負擔，但也增加了胸大肌的運用。不收緊肩胛骨而是收緊腋下，以這個姿勢放下槓鈴，更能運用到肱三頭肌。

NG!

槓鈴不要碰到胸口。放下至距離胸口一個拳頭左右的高度

單手啞鈴伸展

鍛鍊到的肌肉

mid-range 項目

主動肌 ▶肱三頭肌
協同肌 ▶肘肌

STARTING POSITION

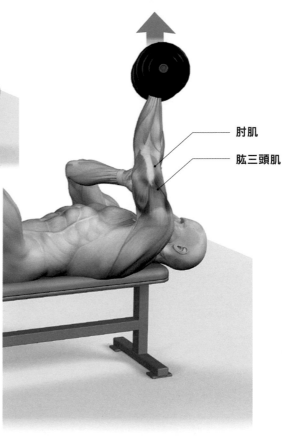

肘肌

肱三頭肌

▶訓練方法

❶仰躺在平板椅上,屈起膝蓋,雙腿放在平板椅上。單手手臂朝天花板舉高,另一隻手支撐其上臂。單手握住啞鈴,高度約為中指在鼻尖前(在中線上)。握住啞鈴時,盡量貼近小指側,拇指側則留下空間。

❷緊緊固定手腕,以手肘為支點放下前臂,把啞鈴放到臉旁。

❸感覺到主動肌伸展後,緩慢地回到起始姿勢。之後依照需要的次數重複此動作。

呼吸
▼
舉起啞鈴時吸氣,放下時吐氣。

114

TRAINING

BIO MECHANICS

肘肌

肱三頭肌

▶生物力學重點

❶此項目主要刺激肱三頭肌的外側頭，無論伸展或收縮時都能施加負荷。應使用過程中能明確感受肌肉伸展及收縮的重量。

❷動作中注意肩膀不要往前突，三角肌不要跑到比胸口更前的位置。但如過度收緊肩胛骨，會令關節的活動範圍變窄。應以「把肩膀往後拉」的感覺去進行動作。

❸相較於使用槓鈴的仰臥三頭肌伸展等，此動作對手肘的負擔較小。

POINT

放下啞鈴時的位置在臉部旁邊。這個位置能確實伸展肱三頭肌

過頂三頭肌滑輪伸展

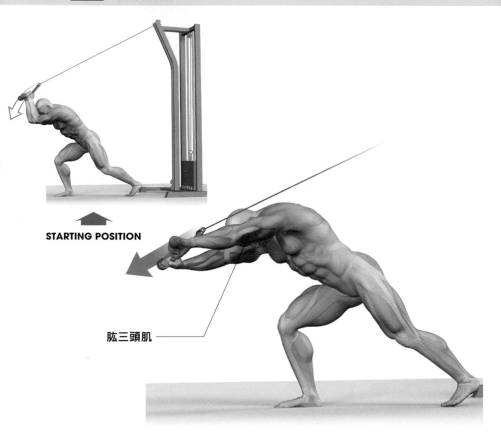

STARTING POSITION

肱三頭肌

▶訓練方法

❶背向滑輪機，採俯身姿勢。雙手握住把手，做出「萬歲」手勢，把手肘舉到耳旁高度。此時，肩膀下沉。

❷收緊腋下，以手肘為支點，前臂像畫圓般把繩索從頭部上方往前拉。注意手肘不要向兩側打開。

❸感覺到主動肌收縮後，緩慢地回到起始姿勢。之後依照需要的次數重複此動作。

呼吸
▼
拉動繩索時吐氣，恢復原位時吸氣。如使用高重量，在動作開始前吸氣，邊憋氣邊拉動繩索，結束姿勢時吐氣，然後邊吸氣邊恢復原位。

TRAINING

BIO MECHANICS

▶生物力學重點

❶此項目主要刺激肱三頭肌的長頭。
透過使用繩索，從伸展到收縮的過程
都能對肌肉施加固定負荷。在鍛鍊肱
三頭肌的項目中，離心收縮動作能承
受的重量，向心收縮動作不一定能承
受，因此有可能讓手肘受傷。但如果
使用繩索代替啞鈴等，因繩索帶來的
負荷是固定的，受傷機會較低。

❷把臀部貼著機身，軸心就不易偏
移，能讓身體在穩定的狀態使用高重
量。

❸若肩膀抬高，會使穩定性降低。故
過程中應保持肩膀下沉。

VARIATION

肱三頭肌

部分滑輪機能讓臀部靠在機身上，使身體穩定，能
承受高重量

反握滑輪下壓

鍛鍊到的肌肉

主動肌 ▶肱三頭肌
協同肌 ▶前臂伸肌群

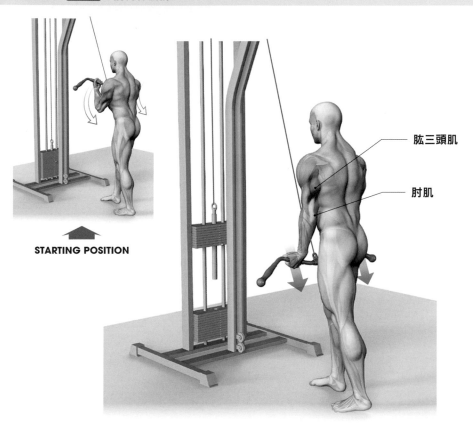

STARTING POSITION

肱三頭肌

肘肌

▶訓練方法

❶面向滑輪機，以雙腳距離略窄於肩寬的姿態站立，膝蓋微屈。把臀部往後推，上半身前傾約10度左右，以掌心朝上的狀態（手腕旋後）握住拉力桿。

❷緊緊收緊腋下，以手肘為支點拉下拉力桿。此時，注意上臂的位置不要在軀幹之前。

❸感覺到主動肌收縮後，緩慢地回到起始姿勢。之後依照需要的次數重複此動作。

呼吸
▼
邊吐氣邊拉下拉力桿，邊吸氣邊恢復原位。

TRAINING

BIO MECHANICS

肱三頭肌

肘肌

▶生物力學重點

❶此項目對手肘的負擔較低，亦不太會運用到作為拮抗肌的肱二頭肌。

❷一般的下壓動作會運用到拮抗肌，因此能承受高重量。但因使用了拮抗肌，對肱二頭肌長頭肌腱疼痛的人來說，動作難度較高。此項目因不太會運用到肱二頭肌，就算是肱二頭肌長頭肌腱疼痛的人也可以進行。

❸此項的技巧在於，若無法用反握的握法拉動拉力桿，可換成一般下壓動作的握法繼續動作。這樣會對主動肌帶來更強的刺激。

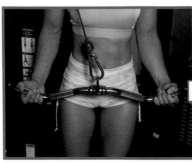

POINT

要以手腕旋後的反握握法，握住拉力桿的外側

單手三頭肌滑輪伸展

鍛鍊到的肌肉

主動肌 ▶ **肱三頭肌**
協同肌 ▶ **肘肌**

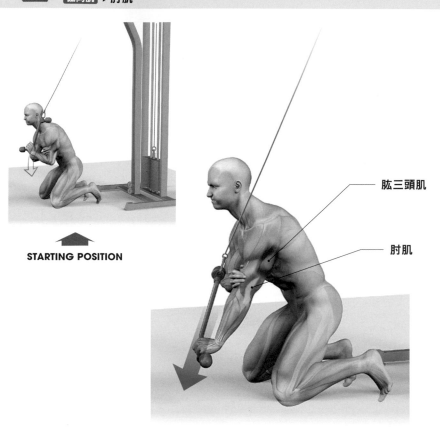

STARTING POSITION

肱三頭肌

肘肌

▶訓練方法

❶在滑輪機旁跪下，以肩膀下沉的狀態單手握住繩索。另外一隻手固定好握繩的手臂，使其處於穩定狀態。上半身前傾約10度，收緊腋下。

❷保持腋下收緊，以手肘為支點把繩索往下壓。若腋下打開，會令軌道變得不穩定，故盡量保持上臂固定不動。

❸感覺到主動肌收縮後，緩慢地回到起始姿勢。放鬆繩索時也要維持肩膀下沉的姿勢。之後依照需要的次數重複此動作。

呼吸
▼

繩索下壓時吐氣，恢復原位時吸氣。如使用高重量，在動作開始前吸氣，邊憋氣邊拉動繩索，結束姿勢時吐氣，然後邊吸氣邊恢復原位。

TRAINING

BIO MECHANICS

肱三頭肌

肘肌

▶生物力學重點

❶若以站姿進行此項目，身體重心容易不穩定，故最好以跪姿來訓練。跪姿可使下半身保持穩定，因此更能集中鍛鍊肱三頭肌。

❷此項目能使用高重量，對手肘的負擔也不大，可說是能安全地使用高重量的項目。

❸進行動作時，另一側的繩索有可能勾到身體，故應該把另一側繩索的頭部朝外擺放。

POINT

把沒有握住的那一側的繩索頭部朝外擺放，如朝自己臉部方向擺放，可能會妨礙訓練動作

三頭肌掌上壓

鍛鍊到的肌肉

contract
項目

主動肌 ▶ **肱三頭肌**
協同肌 ▶ **胸大肌、肘肌**

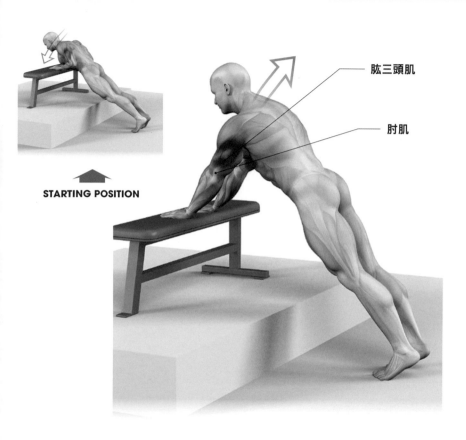

STARTING POSITION

肱三頭肌

肘肌

▶訓練方法

❶雙手放在平板椅上，身體及手肘伸直，上半身前傾約60度。雙手距離約與肩同寬，雙手手掌呈「八」字打開。雙腳距離略窄於腰寬，踮起腳尖。

❷收緊腋下，不要打開手肘，進行伏地挺身。

❸過程中要保持身體挺直，重心穩定。

呼吸
▼
屈曲手肘時吸氣，伸直時吐氣。

TRAINING

BIO MECHANICS

肱三頭肌

肘肌

▶生物力學重點

❶此項目承受的體重比一般的伏地挺身更低，因此能集中鍛鍊肱三頭肌。

❷應以緩慢的節奏進行動作。標準約為正向動作（伸直手臂）3秒，負向動作（放下手臂）3秒左右。

NG!

身體下壓時注意背部及腰部不能塌下去。軀幹應保持挺直進行動作

生活品質 Quality of Life
～透過肌力訓練提升 QOL ～

　　進行肌力訓練，不單能改善外型，更有「維持姿勢」、「提升基礎代謝率」、「改善血液循環」、「減少體脂肪」、「改善文明病」等各式各樣的好處。

　　此外，除了年輕人，對於中年及更高齡的人來說，也有「預防運動障礙症候群」及「預防肌肉減少症（肌肉量因年齡增長而衰退）」等各種效果。

　　除此之外，進行健身而鍛鍊出的肌肉，會令身體分泌出各種激素，有助改善憂鬱症等心理疾病，如：
・多巴胺（dopamine）
・腦內啡（endorphin）
・腎上腺素（adrenaline）
・血清素（serotonin）
・催產素（oxytocin）
等等，不單對身體有益，更能改善心靈。

　　舉個例子，某家企業的老闆每天都要接待客人，過著與運動無緣、到處喝酒的生活。想當然，這樣的生活令他身材走樣，每天都被倦怠感籠罩。

　　可是，自從每天早上6點接受個人健身指導、開始健身之後，所有生活習慣都得到了改善。他開始注意飲食，身體狀況變好，不單是外觀，簡直整個「生活品質」都得到提升。

　　其他族群如高齡女性，有人在進行訓練後，因姿勢不良而身體不佳的狀況得到改善，連心情也明朗起來。買了新的運動服，穿上後非常雀躍，連外表看起來都變年輕了，日子過得開心許多。

　　QOL（Quality of life，生活品質）的概念，能追溯到哲學家蘇格拉底的名言：「最重要的是，不只要活著，還要良善地活著。」把每天進行肌力訓練培養為生活習慣，便能過上「每天身心都十分充實」的生活。　　　　　　　　（豐島 悟）

髖關節

肌肉

text by Satoru Toyoshima

THE TRAINING ANATOMY

CHAPTER 06

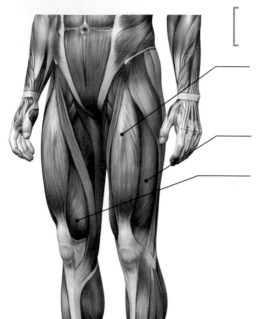

股四頭肌
quadriceps femoris

股直肌
rectus femoris

（深層為股中間肌）
vastus intermedius

股外側肌
vastus lateralis

股內側肌
vastus medialis

臀中肌
gluteus mediu

臀大肌
gluteus maximus

大腿後肌
hamstrings

股二頭肌
biceps femoris

內收大肌
adductor magnus

半腱肌
semitendinosus

半膜肌
semimembranosus

鍛鍊臀部
不只臀大肌
臀中肌也很重要

髖關節附近有著各式各樣的肌肉，在大腿表層有由股直肌、股外側肌、股內側肌及股中間肌組成的股四頭肌，以及由股二頭肌、半膜肌及半腱肌組成的大腿後肌。臀部則有臀大肌、臀中肌、臀小肌，還有深層肌肉的髂腰肌（腰大肌、腰小肌）、梨狀肌、髂肌……等等。

近年來，鍛鍊臀部蔚為風潮，在健身房努力進行臀推的女性不在少數。不只是女性，男性也可以透過鍛鍊臀部改善身體線條，尤其是具有能改善與「外表年齡」息息相關的背部姿勢的效果。對高齡人士來說，鍛鍊臀部肌肉也有助預防運動障礙症候群。

提到臀部，各位可能都會想到臀大肌，但其實位於旁邊的臀中肌也是十分重要的肌肉。對需要激烈運動的運動員來說，負責髖關節外展的臀中肌在身體塑形方面也很重要。接下來會介紹以臀中肌為主的訓練項目，希望各位把它加進日常的訓練當中。

股直肌

股外側肌

股內側肌

臀中肌

臀大肌

大腿後肌

保加利亞深蹲

鍛鍊到的肌肉

stretch
項目

主動肌 ▶臀大肌、大腿後肌、股四頭肌

STARTING POSITION

股四頭肌

臀大肌

大腿後肌

▶訓練方法

呼吸
▼

❶背打直，雙手握住啞鈴站立。單腳放在平板椅上，上半身前傾約10度
作為起始姿勢。此時，站立的腳與放在平板椅上的腳之間的距離約與肩
同寬，或是比肩寬再多半步左右。

❷屈曲前腳膝蓋，直至大腿與地面呈平行。站立的腳則以腳底整體踩
穩，把重心放在腳後跟上。

❸感受到臀部伸展後，緩慢地回到起始姿勢。注意膝蓋不要完全伸直，
以不鎖緊關節的狀態進行動作。之後依照需要的次數重複此動作。

一邊吸氣一邊屈曲髖
關節及膝關節，一邊
吐氣一邊伸展。

TRAINING

BIO MECHANICS

股四頭肌　臀大肌

大腿後肌

▶生物力學重點

❶上半身的角度很重要。分腿蹲動作採取的是上半身直立的姿勢,此項目的目標肌肉是股四頭肌。保加利亞深蹲為了讓臀部肌肉獲得明顯效果,上半身需前傾約10度,維持骨盆往前的姿勢。過程中應彎曲髖關節,把膝蓋維持在腳尖後方的位置,徑直地把腰部往下。

若上半身前傾20～30度,會更能感受到臀大肌、臀中肌及大腿後肌的伸展。

❷此項目只需使用低重量,即能對目標肌肉帶來強烈負荷。膝蓋伸展時,暫時停止動作,固定軀幹後再繼續,就能提高身體的重心穩定力。

❸初學者的話,利用自身體重已很足夠。把手放在臀部上,更能感受臀部肌肉的伸展及收縮。

POINT

腳尖往前,想像腳尖與膝蓋在同一直線上,朝相同方向。之後在P154介紹的弓步行走做法也相同

啞鈴深蹲

鍛鍊到的肌肉

mid-range 項目

主動肌 ▶大腿後肌、股四頭肌、臀大肌
協同肌 ▶小腿三頭肌、脛骨前肌

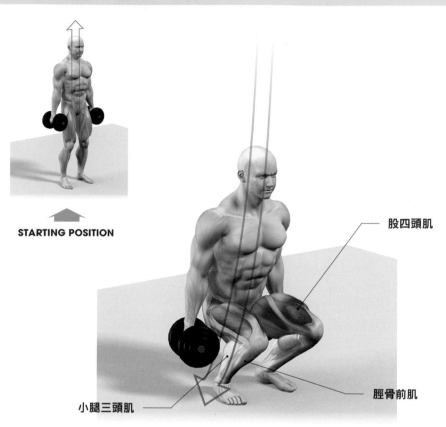

STARTING POSITION

股四頭肌

脛骨前肌

小腿三頭肌

▶訓練方法

❶把手臂垂在身體兩側，用槓身與身體平行的狀態拿起啞鈴。背打直，雙腳距離約與腰同寬。

❷從上述姿勢把臀部一邊往後推，一邊屈曲髖關節及膝關節往下蹲。此時膝蓋容易前突，務必注意。身體重心稍微前傾，把臀部往後推，膝蓋不要超過腳尖。

❸下蹲至大腿與地面平行，或是比平行更低一點的位置時，便能回到起始姿勢。之後依照需要的次數重複此動作。

呼吸
▼
一邊吸氣一邊屈曲髖關節及膝關節，一邊吐氣一邊伸展。

TRAINING

股四頭肌

小腿三頭肌

脛骨前肌

▶生物力學重點

❶因為沒有「扛」的動作，因此對肩關節及腰椎的負擔不大。另外，在身體兩側拿著啞鈴的姿勢也令動作更為穩定。

❷槓鈴深蹲項目會在髖關節及膝關節屈曲時，對身體前方造成負擔，但此項目則是對身體軸心帶來負擔，因此能平均刺激股四頭肌、大腿後肌及臀部。

NG!

不要前屈，應保持肩膀下沉、胸口打開的姿勢

❸過程中應維持肩膀下沉（肩胛骨下壓）、胸口打開（肩胛骨內收）的姿勢。注意疲勞會導致前屈姿勢。

❹拿起啞鈴的握力有可能先用盡，建議可使用拉力帶等輔助器材來進行訓練。

史密斯深蹲

鍛鍊到的肌肉

主動肌 ▶股四頭肌、大腿後肌、臀大肌
協同肌 ▶小腿三頭肌

STARTING POSITION

股四頭肌

▶訓練方法

❶身體靠在史密斯機器上,像要把槓鈴扛起來一樣。扛的位置比一般的深蹲更高,最好是在斜方肌上方左右。握距要比肩寬更寬,以不勉強肩關節的寬度進行。

❷雙腳向前踏出一步寬。雙腳距離跟一般的深蹲相同,即約與肩同寬。腳尖以自然的角度朝向外側或者是前方。

❸從上述姿勢把腰徑直往下,並不是「下拉臀部」,而是「以垂直方向把臀部放下」的感覺。下蹲至大腿與地面平行,或是比平行更低一點的位置時,便緩慢地向上站立。之後依照需要的次數重複此動作。

呼吸
▼
一邊吸氣一邊屈曲髖關節及膝關節,一邊吐氣一邊伸展。

TRAINING

BIO MECHANICS

股四頭肌

▶生物力學重點

❶比起一般深蹲,此項目能帶給股四頭肌更強的刺激。透過使用史密斯機器,能形成「雙腳放在身體前」的姿勢,進行由髖關節主導的深蹲。此外,因機器軌道固定,動作不會移位,較能集中鍛鍊股四頭肌。

❷所有深蹲項目的共通點是,把身體重心放在腳底整體。

❸如鎖住膝蓋,會對膝關節帶來負擔,因此不要完全伸直膝蓋。如腳踝缺乏柔軟度的人,可在腳尖墊上薄槓片(1.25kg槓片或2.5kg槓片等)進行。

POINT

臀部的高度要在大腿與地面平行,甚至更低的位置。動作中應維持背挺直的狀態

133

鍛鍊到的肌肉

<table>
<tr><td>stretch
項目</td><td>主動肌</td><td>▶股四頭肌、大腿後肌、臀大肌</td></tr>
<tr><td></td><td>協同肌</td><td>▶小腿三頭肌、脛骨前肌</td></tr>
</table>

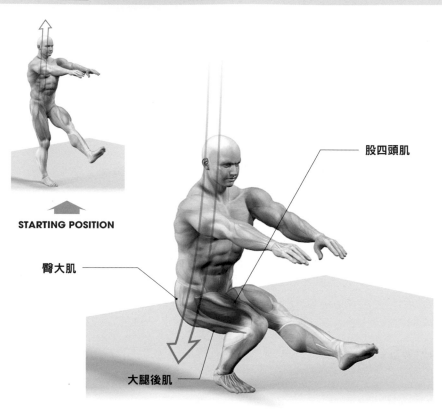

STARTING POSITION

股四頭肌

臀大肌

大腿後肌

▶訓練方法

❶背打直站立，把雙手及單腳提起至與地面平行左右的高度。此時應盡量保持身體的平衡。

❷維持雙手及單腳伸直的狀態，屈曲髖關節及膝關節，以腰部垂直放下的感覺蹲下。此時，即使膝蓋突出超過腳尖也沒關係。

❸穩穩蹲好以後，一邊伸展髖關節及膝關節，一邊站起來。注意盡量保持身體平衡，站起來時背要維持挺直。之後依照需要的次數重複此動作。

呼吸
▼

一邊吸氣一邊屈曲髖關節及膝關節，一邊吐氣一邊伸展。

TRAINING

BIO MECHANICS

股四頭肌

臀大肌

大腿後肌

▶生物力學重點

❶此項目難度非常高。比起體重較輕的女性，體重較重的男性進行起來會更為困難。建議在習慣之前，可以把手放在牆壁或椅子等物品上輔助。

❷此項目要求高強度的核心力量，亦能對股四頭肌及臀大肌帶來強烈刺激。此項目可說是以自身體重進行的項目中，最為高難度的核心訓練，推薦給需要作出激烈動作的運動員。

❸此項目要求腳踝的柔軟度。如無法順利進行本項目，有可能是因為腳踝缺乏柔軟度。

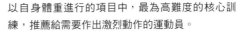

若動作太難，可嘗試以「椅子深蹲」的技巧，利用椅子等輔助。從起始姿勢慢慢坐到椅子上，臀部碰到椅子後再站起來

史密斯後弓步

鍛鍊到的肌肉

stretch 項目

主動肌 ▶**大腿後肌、臀大肌、股四頭肌**
協同肌 ▶**小腿三頭肌**

STARTING POSITION

股四頭肌

臀大肌

大腿後肌

▶訓練方法

呼吸

❶扛起史密斯機器的槓鈴，背打直站立。雙腳距離約與腰同寬。槓鈴置於斜方肌上，握距要比肩寬更寬，以不勉強肩關節的寬度進行。

❷單腳往後方踩，腳尖踩地而腳跟朝上。膝蓋一邊向地面靠近，一邊屈曲髖關節，放下腰部，直至膝蓋離地面愈近愈好，但不能真的碰到地面。

❸伸展臀部，動作暫停一下，然後緩慢地提起上半身，雙腳回到起始姿勢。

一邊放下槓鈴一邊吸氣，一邊吐氣一邊舉起。

TRAINING

BIO MECHANICS

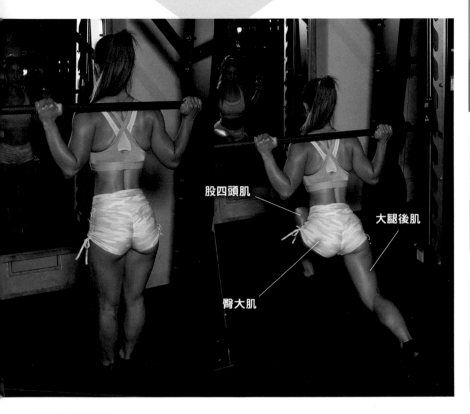

股四頭肌

大腿後肌

臀大肌

▶生物力學重點

❶身體不要往前縮。要注意動作時容易駝背。

❷若單純使用槓鈴，動作會不穩定。但透過軌道固定的史密斯機器，能安全地進行動作。

❸此項目基本上不能使用高重量。若負荷過重會動用到其他部位的肌肉，反而讓主動肌的刺激減少。因此應使用能仔細進行動作的重量。

POINT

可以每完成一次動作便換腳，也可以以同一隻腳完成一組動作後，再換另外一邊。但後者更能感受到主動肌的動作

史密斯交叉分腿蹲

鍛鍊到的肌肉

主動肌 ▶**臀中肌、臀大肌、大腿後肌、股四頭肌**
協同肌 ▶**小腿三頭肌**

STARTING POSITION

臀中肌

臀大肌

大腿後肌

▶訓練方法

❶扛起史密斯機器的槓鈴,背打直站立。槓鈴置於斜方肌上,握距要比肩寬更寬,以不勉強肩關節的寬度進行。

❷單腳拉到斜後方,讓雙腳交叉。後腳腳尖踩地而腳跟朝上,上半身稍微前傾。

❸垂直放下腰部。維持雙腳交叉的姿勢,重複上下起身的動作。完成一組動作後,再換另一隻腳。

呼吸
▼
一邊吸氣一邊屈曲髖關節及膝關節,一邊吐氣一邊伸展。

TRAINING

BIO MECHANICS

臀中肌

臀大肌

大腿後肌

▶生物力學重點

❶能用站姿鍛鍊臀中肌的項目不多，而此項目又能以站姿同時鍛鍊臀中肌、臀大肌及大腿後肌等肌肉，十分優秀。起始姿勢的雙腳交叉時，臀中肌處於伸展狀態。此動作比一般深蹲更能讓臀中肌伸展及收縮。

❷對運動員來說，臀中肌是負責髖關節外展的重要肌肉。臀中肌攣縮會造成腰痛，因此應好好鍛鍊。

❸臀中肌的發達有助提臀。因它能提升臀部整體的立體感，對女性來說是打造「美臀」的關鍵肌肉。

POINT

單腳拉到斜後方。起始姿勢時能感受到臀中肌的
伸展

臀推

鍛鍊到的肌肉

contract
項目

主動肌 ▶臀大肌、大腿後肌
協同肌 ▶股四頭肌、小腿三頭肌

STARTING POSITION

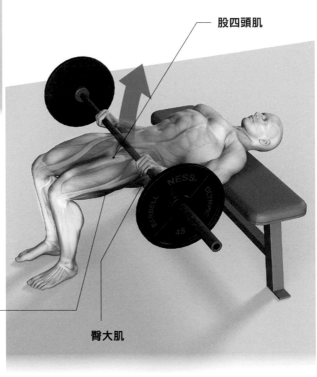

股四頭肌

大腿後肌

臀大肌

▶訓練方法

❶把肩胛骨靠在平板椅上，維持上半身跟地面平行，躺平為一直線。此時，雙腿的膝關節呈90度，雙腿重心放在腳跟。雙腳距離約與肩同寬。

❷槓鈴置於恥骨上，屈曲膝關節，放下腰部，直至臀部差不多碰到地面。槓鈴放置的位置會因性別及個體骨架差異而有所不同，但請以恥骨上為標準來進行調整。基本上，髂腰肌應位於身體軸心的位置。

❸伸展髖關節，舉起槓鈴，舉至上半身與地面平行的高度。注意腰不要抬起。之後依照需要的次數重複此動作。

呼吸

一邊吸氣一邊屈曲髖關節及膝關節，一邊吐氣一邊伸展。

TRAINING

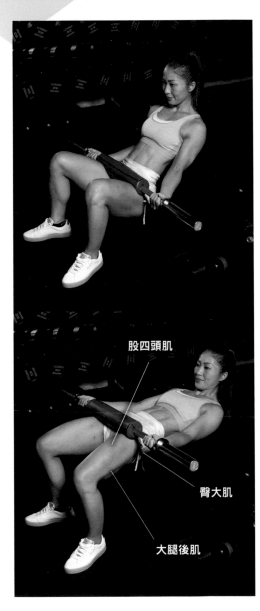

股四頭肌

臀大肌

大腿後肌

▶生物力學重點

❶此項目能使用高重量，在臀大肌收縮時施加強烈負荷。

❷此項目動作簡單，姿勢容易上手，有助熟悉臀部肌肉的運用方法。

❸若雙腳離椅子太遠，對大腿後肌的刺激會減弱。雙腿距離較寬時，會優先運用臀中肌；雙腿距離較窄時，則會優先運用臀大肌。

NG!

雙腳離椅子太遠的錯誤示範。雙腳要在腰部抬起時，膝關節呈90度的位置

141

高腳杯式深蹲

鍛鍊到的肌肉

主動肌 ▶內收肌群、臀大肌、股四頭肌、大腿後肌

協同肌 ▶小腿三頭肌、脛骨前肌

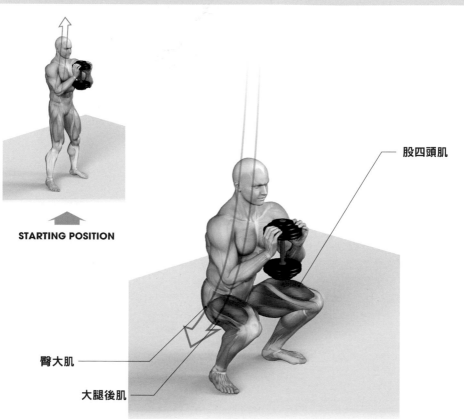

STARTING POSITION

股四頭肌

臀大肌

大腿後肌

▶訓練方法

❶雙手手指握住啞鈴的槓片，肩膀下沉（肩胛骨下壓），舉在鎖骨前。雙腳距離比肩寬更寬，腳尖以自然的角度朝外。

❷維持上半身挺直，腰部垂直放下。並不是把臀部往下拉，而是想像把膝蓋向外推。

❸當下蹲至雙手手肘在膝蓋內側時，站起來回到起始姿勢。之後依照需要的次數重複此動作。此項目的過程中，膝蓋容易往內側偏移，注意保持膝蓋不要偏移。

呼吸

▼

一邊吸氣一邊屈曲髖關節及膝關節，一邊吐氣一邊伸展。

TRAINING

BIO MECHANICS

股四頭肌

臀大肌

大腿後肌

▶生物力學重點

❶主要鍛鍊內收肌群的項目意外地少，此項目正是不需利用機器便能鍛鍊內收肌群的優秀項目。內收肌群不發達的人，容易變成O型腿。另外，臀大肌及臀小肌均負責控制髖關節的外展，為了取得內收及外展的平衡，應好好鍛鍊內收肌群。

❷因負荷位於身體前面，重心不在腰椎而在身體前方。因此即使是腰痛的人士，也能進行這個對腰部負擔較小的動作。

❸「高腳杯」就是紅酒杯。因前臂及雙手握住啞鈴的姿勢酷像高腳杯而命名。

POINT

用手掌支撐啞鈴槓片，並用手指包覆

髖關節伸展

鍛鍊到的肌肉

contract
項目

主動肌 ▶臀大肌、大腿後肌
協同肌 ▶股四頭肌

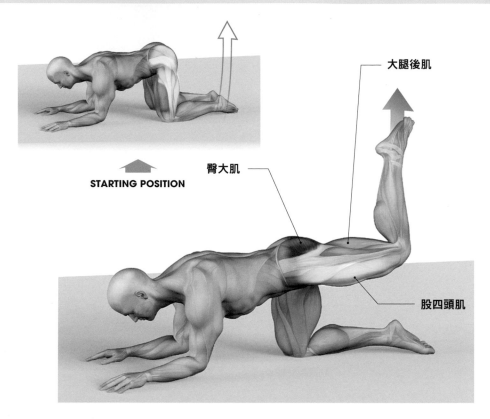

STARTING POSITION

大腿後肌

臀大肌

股四頭肌

▶訓練方法

❶在瑜伽墊上趴下，四肢著地，雙手及雙腳的距離與肩同寬。髖關節及膝關節屈曲90度。背打直，視線朝下。

❷以髖關節為軸心，單腳舉起，腳底朝向天花板。結束姿勢為膝蓋舉高至腰部左右的高度。

❸感覺到主動肌收縮後，緩慢地回到起始姿勢。此時，膝蓋不要放在瑜伽墊上，維持稍微懸空的狀態。之後依照需要的次數重複此動作。完成一組動作後，換另一隻腳重複動作。

呼吸

▼

一邊吐氣一邊伸展髖關節，一邊吸氣一邊屈曲。

TRAINING

BIO MECHANICS

大腿後肌

臀大肌

股四頭肌

▶生物力學重點

❶腳不要往上踢,應一邊感受臀部肌肉收縮,一邊仔細地進行動作。若以「用腳跟壓向天花板」的感覺來做,臀部的收縮感會更明顯。

LEVEL UP

在起始姿勢,若將舉起那隻腳的膝蓋盡量貼近身體,更能伸展臀部肌肉

❷跪在地上的腳可以固定骨盆,因此這個動作能在骨盆穩定的狀態下使臀部收縮。若使用雙腳則能感受比臀推更強的收縮感。

❸應保持一定節奏。數「1、2、3」提腿,停止1秒,再數「1、2、3」放下。

❹若想施加更高負荷,可利用腳踝加重器。

145

蚌殼式訓練

鍛鍊到的肌肉

contract
項目

主動肌 ▶臀中肌、臀大肌、闊筋膜張肌

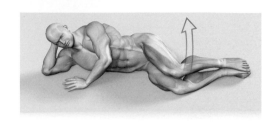

STARTING POSITION

臀中肌

闊筋膜張肌

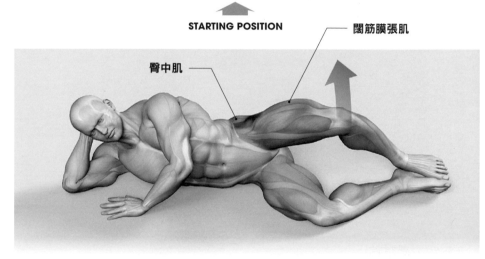

▶訓練方法

呼吸
▼
提起膝蓋、髖關節外展時吐氣,內收時吸氣。

❶橫躺在瑜伽墊上,膝蓋屈曲90度,雙腳重疊。雖要屈曲髖關節,但保持骨盆直立,不要前傾或後傾。下方手臂的手肘撐在瑜伽墊上,以手掌托著頭的側邊,使其穩定。

❷以骨盆及腿部為支點,像蚌殼張開一般讓膝蓋往上。

❸緩慢地提起膝蓋,感覺到主動肌收縮後,緩慢地回到起始姿勢。放下膝蓋時,兩邊膝蓋不要碰在一起。提起與放下的動作應保持同等速度。之後依照需要的次數重複此動作。完成一組動作後,換另一隻腳重複動作。

TRAINING

BIO MECHANICS

闊筋膜張肌

臀中肌

▶生物力學重點

❶過程中應感受提起膝蓋那一側的臀部上方肌肉。

❷除了臀中肌及臀大肌外,此項目能同時鍛鍊六條深層髖關節肌肉的其中一條,也就是梨狀肌。透過刺激梨狀肌,就更容易刺激到外層的臀中肌及臀大肌。

❸此動作雖然屬於鍛鍊髖關節周圍肌肉的項目,但並不是鍛鍊下半身的主流項目。就像肩部深層肌肉訓練項目的「肩外旋」一樣,蚌殼式訓練可作為下半身訓練的熱身動作,減低受傷的可能性。

NG!

髖關節不應處於伸展狀態,這樣會減弱對主動肌的刺激。
應把雙膝置於身體前方,以髖關節屈曲的狀態進行

啞鈴腿彎舉

鍛鍊到的肌肉

contract 項目
主動肌 ▶大腿後肌、臀大肌
協同肌 ▶小腿三頭肌

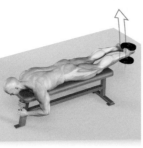

STARTING POSITION

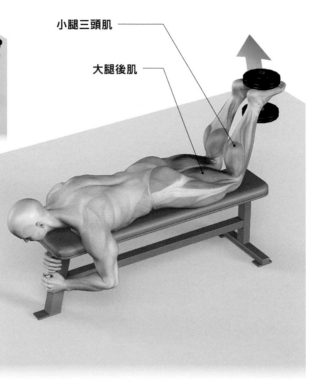

小腿三頭肌

大腿後肌

▶訓練方法

❶趴在平板椅上，膝蓋下的小腿部分要伸出椅外。上半身稍微往後彎腰，伸展髖關節。雙手緊抓著平板椅，固定軀幹。

❷以腳底碰觸到啞鈴槓片的狀態，確實夾緊啞鈴。獨自一人很難把啞鈴從地上夾起，可以請朋友或教練幫忙放置。

❸維持稍微往後彎腰的姿勢，以膝關節為支點，像畫圓一般舉起啞鈴。若把膝蓋屈曲到90度，會失去對主動肌施加的負荷，因此應在接近90度時停止。感覺到主動肌收縮後，緩慢地回到起始姿勢。之後依照需要的次數重複此動作。

呼吸
▼

彎曲膝蓋時緩慢吐氣，恢復原位時緩慢吸氣。

TRAINING

BIO MECHANICS

小腿三頭肌

大腿後肌

▶生物力學重點

❶機器的腿彎舉通常是向心收縮優先的項目，但此項目是離心收縮優先項目。雙腿放下時注意不要被啞鈴的重量牽著走，要緊閉雙腿仔細控制啞鈴來進行訓練。

❷因為控制啞鈴並不簡單，故更要求動作準確度。因此更能感受大腿後肌的肌肉運作。

NG!

腰部不應離開平板椅。稍微往後彎腰，
以髖關節伸展的狀態進行

滑輪後踢

STARTING POSITION

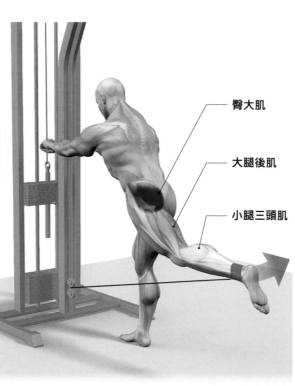

臀大肌

大腿後肌

小腿三頭肌

▶訓練方法

❶面對滑輪機站立,腳踝穿戴好專用器材。背打直,上半身前傾約10～30度,扶著滑輪機,讓身體保持穩定。

❷維持上半身的角度,舉起穿戴專用器材那一側的膝蓋,伸展臀部。

❸以往後踢的感覺,一邊拉動繩索一邊收縮臀部。此時仍然要維持上半身的角度。注意不要過於用力往後踢使腰往後彎。膝蓋舉高至大腿約與地面平行的程度。之後依照需要的次數重複此動作。如已經到達all out狀態,則換另一邊重複同樣動作。

呼吸
▼
一邊吐氣一邊伸展髖關節,一邊吸氣一邊屈曲。

TRAINING

BIO MECHANICS

▶生物力學重點

❶雖然動作跟髖關節伸展相似，但此項目的關節活動範圍更廣，更能伸展及收縮主動肌。

❷透過使用滑輪機，能對主動肌施加穩定的負荷。

❸若使用的重量過重，在拉動時會運用到主動肌以外的肌肉，讓對目標肌肉的刺激減弱，肌肉亦會無法確實伸展。因此應使用能感受臀部肌肉伸展及收縮的重量進行。

臀大肌

大腿後肌

小腿三頭肌

VARIATION

換成橫向踢腿的話，則是針對臀中肌的訓練項目

151

六角槓硬舉

mid-range 項目

鍛鍊到的肌肉

主動肌 ▶ **大腿後肌、臀大肌、股四頭肌**

協同肌 ▶ **小腿三頭肌、脛骨前肌**

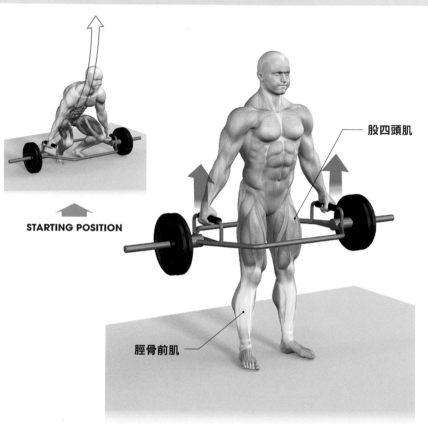

STARTING POSITION

股四頭肌

脛骨前肌

▶訓練方法

❶站在專用六角槓的中央，雙腳距離與腰同寬。把臀部往後推，同時屈曲膝蓋，以背部挺直的狀態，伸直雙手握住把手。下巴不要抬起。

❷腹部用力、施加腹內壓，腳底整體用力，踩穩地面站起。此時不要聳肩，維持肩胛骨下壓的狀態。

❸把臀部往後推，同時維持背部挺直，蹲下。之後依照需要的次數重複此動作。

呼吸

▼

吸氣，準備舉起槓鈴時憋氣，一邊舉起一邊緩慢吐氣，一邊放下一邊吸氣。

TRAINING

BIO MECHANICS

股四頭肌

脛骨前肌

▶生物力學重點

❶一般使用直式槓鈴的硬舉，負荷集中在身體前方。但此項目的負荷軌道接近身體軸心，因此對下背部及腰椎的負擔不大，能減低導致腰痛的可能性。

❷此項目比起一般使用直式槓鈴的硬舉，更能刺激臀部及大腿後肌。

NG!

不要駝背，這樣會
無法施加腹內壓，
導致腰痛

弓步行走

鍛鍊到的肌肉

stretch
項目

主動肌 ▶大腿後肌、臀大肌、股四頭肌
協同肌 ▶小腿三頭肌、脛骨前肌

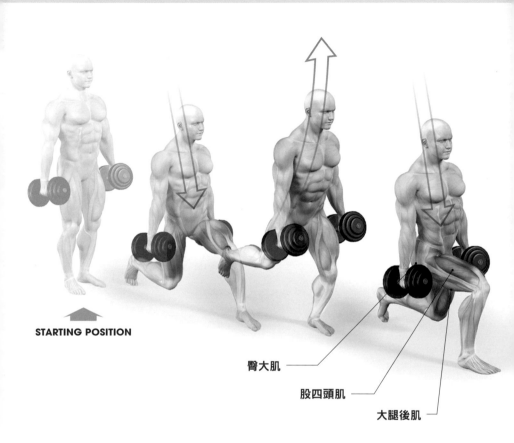

STARTING POSITION

臀大肌

股四頭肌

大腿後肌

▶訓練方法

呼吸
▼

❶雙手垂在身旁，用槓身與身體平行的狀態拿起啞鈴，背打直站立。
❷單腳往前踏，步幅約與肩同寬。腰部往下，直至大腿跟地面平行。後
腳的膝蓋不能碰到地面。
❸後腳踢起，把體重移到前腳同時站起，大步向前踏，然後腰部往下，
直至大腿跟地面平行。重複此動作一邊前進。

踏出時吐氣，站起時
吸氣。

TRAINING

BIO MECHANICS

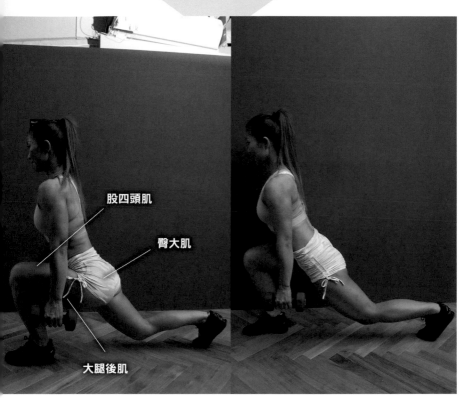

股四頭肌

臀大肌

大腿後肌

▶生物力學重點

❶隨時保持膝蓋與腳尖朝相同方向。膝蓋與腳尖應朝向正前方,並處於同一直線上。

❷此項目對核心力量有較高要求。注意姿勢保持挺直,且膝蓋不要過於往前。

❸比起一般的弓箭步,此項目的關節活動範圍較廣,故主動肌能更好地伸展及收縮。另外,此項目也能帶來有氧運動的效果。

POINT

站起時要把體重轉移到前腳。若體重維持在後腳,不但會難於前進,對主動肌的刺激亦會減弱

前抱式深蹲

鍛鍊到的肌肉

主動肌 ▶股四頭肌、臀大肌、大腿後肌
協同肌 ▶小腿三頭肌、脛骨前肌

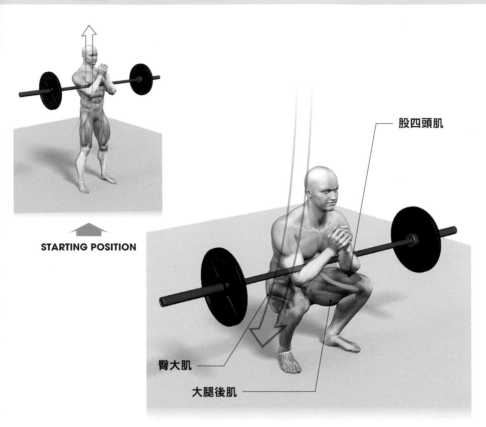

STARTING POSITION

股四頭肌

臀大肌

大腿後肌

▶訓練方法

❶站立，雙腳距離約與肩同寬。背打直，雙手手肘移到身體前方。收緊腋下，屈曲雙手手肘，把槓鈴放在手肘上，維持此姿勢。輕輕握緊拳頭。

❷從上述姿勢把臀部往後推，同時屈曲髖關節及膝關節蹲下。若能蹲下到比大腿與地面平行更低的位置，會對肌肉帶來更強的刺激。

❸感覺到股四頭肌伸展後，站起來回到起始姿勢。之後依照需要的次數重複此動作。

呼吸

▼

一邊吸氣一邊屈曲髖關節及膝關節，一邊吐氣一邊伸展。

TRAINING

BIO MECHANICS

股四頭肌

小腿三頭肌

大腿後肌

▶生物力學重點

❶因需要利用手臂承擔負荷，故不能使用高重量，但此項目能對股四頭肌帶來強烈刺激。

❷蹲下的動作與普通的深蹲一樣。因負荷集中在身體前面，只要普通地進行深蹲動作，自然會對股四頭肌施加負荷。

❸使用較輕的重量也能充分刺激股四頭肌。重量調整並不容易，首先可從深蹲主要項目（main set）重量的三分之一開始訓練。

VARIATION

EZ BAR的槓鈴形狀有助此項目進行，但缺點是無法利用護套。因此建議以直式槓鈴並使用護套進行訓練

157

美臀是健康指標

～鍛鍊臀部的好處～

　　透過肌力訓練打造美臀，除了外觀變化外，在健康層面上更是有各式各樣的好處。臀部肌肉負責掌管下半身的動作，它的退化及緊繃會導致以下各種問題：

‧腰痛⋯因臀大肌、臀中肌退化攣縮，令臀部肌肉無法靈活運用，對負責相關動作的肌肉帶來巨大負擔，因而產生疼痛。
‧膝蓋痛⋯臀中肌是負責抑制步行時的左右搖晃的肌肉。若臀中肌退化，便會運用闊筋膜張肌，令其作出代償性動作，導致膝蓋疼痛。
‧基礎代謝率降低⋯臀部肌肉是組成身體根基的重要大型肌肉。因此，若臀部肌肉衰退，基礎代謝率便會降低，變成容易肥胖的體質。
‧肩頸痛⋯臀中肌是負責固定骨盆的肌肉。若無法適當運用這個肌肉，便會造成姿勢不良，因而令頸椎肌肉緊張，容易引起肩頸痛。

　　從上述例子可以得知，鍛鍊臀部不單是為了好看，更能改善各種身體狀況。打造美臀不但能塑造美好的身體曲線，還能讓我們活得更為健康。雖然普遍認為鍛鍊臀部是專屬於女性的訓練，但為了身體健康，我希望男性也能積極鍛鍊臀部肌肉。

（豊島 悟）

小腿

肌肉

text by Satoru Toyoshima

THE TRAINING ANATOMY

CHAPTER 07

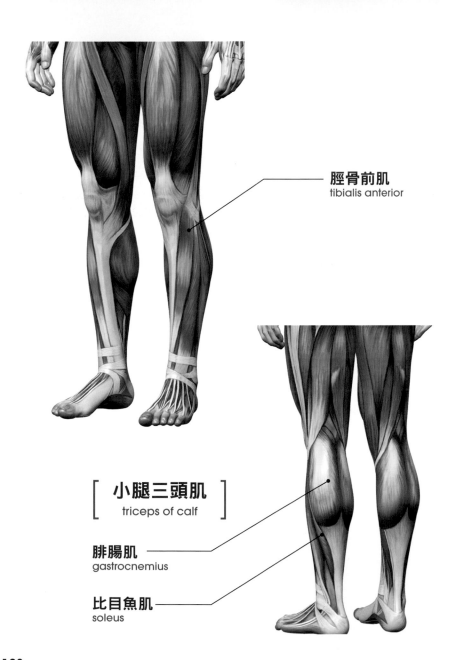

腿骨前肌
tibialis anterior

[小腿三頭肌]
triceps of calf

腓腸肌
gastrocnemius

比目魚肌
soleus

小腿三頭肌是「第二心臟」

小腿後方有著小腿三頭肌，前側則有脛骨前肌等肌肉。小腿三頭肌被稱「小腿後肌（calf）」，由腓腸肌與比目魚肌所組成，負責踝關節的伸展（蹠屈）。脛骨前肌則是負責踝關節的反動作的屈曲（背屈）。

小腿三頭肌是被稱為「第二心臟」的肌肉，一旦攣縮就會引起小腿浮腫或虛寒。透過訓練或在日常生活中好好運動，便能有效預防這些症狀。此外，在雕塑體態方面，加以鍛鍊的小腿三頭肌能呈現「緊實的腳踝」。雖然是容易疏忽的部位，但在打造優美的腿部曲線時，是不可或缺的重要肌肉。

脛骨前肌與腳踝的動作有關，加以鍛鍊的話，能讓深蹲等下半身的訓練更有成效。腳踝一旦僵硬，也有可能導致動作軸心失衡。為了更安全、更有效地進行下半身訓練，建議要先鍛鍊脛骨前肌。

腓腸肌

比目魚肌

脛骨前肌

小腿推舉

鍛鍊到的肌肉

contract
項目

主動肌 ▶比目魚肌、腓腸肌
協同肌 ▶脛骨前肌

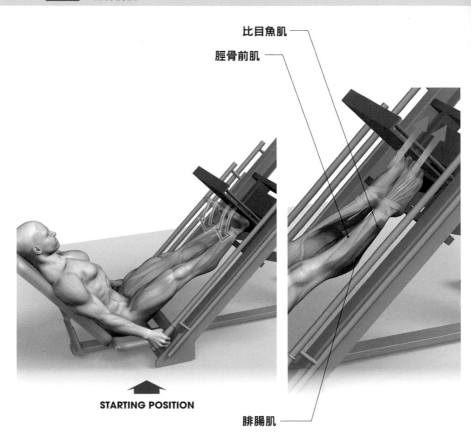

比目魚肌

脛骨前肌

STARTING POSITION

腓腸肌

▶訓練方法

❶將腿部推舉機的腳踏板與靠背墊調整成適當的位置。雙腳靠攏，膝蓋伸直，將雙腳腳尖部分靠著腳踏板。

❷保持膝蓋伸直，腳尖推著腳踏板，轉動腳踝。

❸充分轉動腳踝的活動範圍，用力伸直主動肌，並使其充分收縮。

呼吸

▼

腳尖推壓時吐氣，恢復原位時吸氣。

TRAINING

BIO MECHANICS

脛骨前肌

比目魚肌

腓腸肌

▶生物力學重點

❶由於不以立姿小腿上提的站姿進行,動作不會影響到軀幹,故能直接給予小腿刺激。

❷雙膝一旦屈曲,腓腸肌便會鬆弛,導致伸展變弱,因此要以固定膝蓋的狀態進行。

NG!

雙膝不能屈曲。保持伸直膝蓋的狀態,以「鎖住」膝關節的狀態進行

腳踝彎舉

contract
項目

鍛鍊到的肌肉

主動肌 ▶ 脛骨前肌

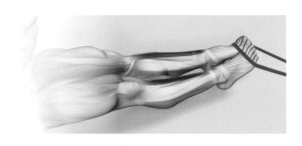

STARTING POSITION

脛骨前肌

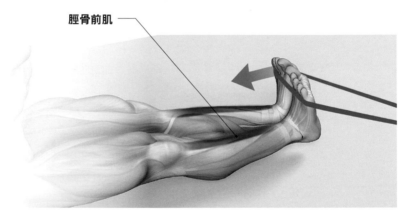

▶訓練方法

❶坐在墊子或椅子上，雙腳靠攏，用腳背勾住彈力帶。若是圓弧形的橡膠彈力帶，會難以控制，建議使用扁平款式的彈力帶。

❷請夥伴拿著彈力帶的另一端，或是掛在槓鈴等物體上加以固定。

❸以腳踝為支點，將腳尖緩慢靠近小腿（背屈），接著緩慢地伸直腳尖（蹠屈）。充分轉動腳踝的活動範圍，以每3秒一次的等速節奏進行。

呼吸
▼
將腳踝背屈時吸氣，蹠屈時吐氣。

TRAINING

BIO MECHANICS

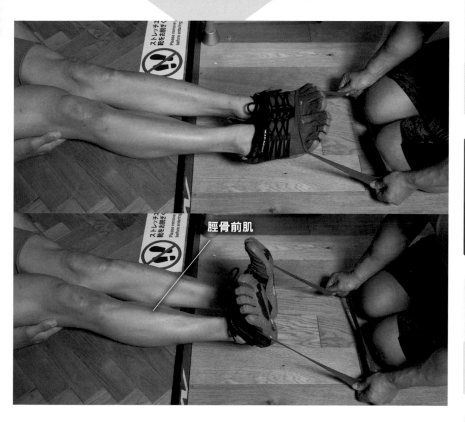

脛骨前肌

▶生物力學重點

❶此項目為鍛鍊小腿部分的脛骨前肌。比起10次左右為極限的負荷量，能進行20～30次的負荷量較為理想。

❷穿高跟鞋的女性此肌肉容易攣縮。一旦攣縮，有可能會引起膝蓋疼痛。可說是要維持柔軟性，也希望能加以鍛鍊的肌肉。

❸脛骨前肌僵硬的人，腳踝也容易僵硬。對於不容易進行深蹲的人，是建議挑戰的項目。

POINT

彈力帶不是勾在腳尖處，而是腳背處。
若勾在腳尖處，在動作時彈力帶可能會脫落

165

來提升免疫力吧！

～關鍵為自律神經的平衡～

　　進行肌力訓練時，不光是為了雕塑體態或減肥，只要提升身體代謝，就有助於提高「免疫力」。

　　什麼是「免疫力」？我們的身體周遭存在著大量的細菌與病毒等病原體，免疫就是為了保護身體不受侵害，維持健康的防護系統。要讓免疫正常運作，關鍵在於自律神經（交感神經與副交感神經）有無均衡運作。

　　那麼，要注意哪些事情才能改善自律神經的均衡（讓免疫功能正常運作）呢？我將在下面舉例解說。

①活動身體
②均衡的飲食
③熟睡
④常保笑容
⑤讓身體暖和
⑥撥出能放鬆的時間

　　這裡讓我們鎖定①與⑤來思考看看。

①活動身體

　　運動除了能提升免疫功能外，也能預防現代文明病、避免跌倒，並具有讓大腦活化等效果。

⑤讓身體暖和

　　體溫提高能讓淋巴球增加並使其活化，可以使免疫功能提升。尤其現代低體溫的人日漸增加，70年前的日本人的平均體溫高達36.8度，但現代人據說下降了0.7度。

　　體溫提高1度，據說就能讓免疫力提升30％。只要鍛鍊體內的發熱器官「肌肉」，給予其刺激，便能改善低體溫的狀況。

　　而提高體溫，最有效果的方法就是提升「基礎代謝」。定期進行肌力訓練，養成習慣之後，基礎代謝便會自然提升，連帶讓體溫上升。換句話說，可以維持具有高免疫力的身體。　　　　　　　　　　　　　　　　　　　　　　　　（豐島悟）

腹肌

text by Satoru Toyoshima

THE TRAINING ANATOMY

CHAPTER 08

腹肌
adominal muscles

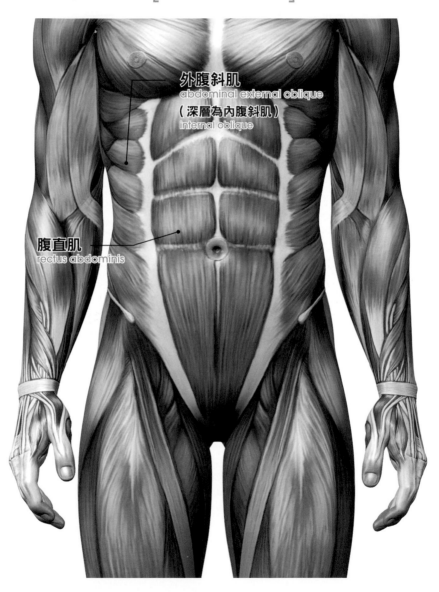

外腹斜肌
abdominal external oblique
（深層為內腹斜肌）
internal oblique

腹直肌
rectus abdominis

外腹斜肌

腹直肌

位在身體正中央，為輸出全身力量的重要部位

　　腹肌位在身體正中央，為輸出全身力量的重要部位。在雕塑體態方面，是打造凹凸有致的身體曲線的最重要肌肉群。表層為腹直肌與外腹斜肌，深層的是內腹斜肌與腹橫肌，會關係到軀幹的彎曲與扭轉等動作。腹直肌負責屈曲，外腹斜肌與內腹斜肌則負責扭轉。

　　腹直肌為縱長狀的肌肉，因此在訓練時不妨分成上部與下部。基本上，撐起上半身的項目為上半部，抬起腳部（讓髖關節屈曲）的項目則為下半部。由於訓練容易運用到反作用力，因此需要好好意識到伸展與收縮的動作。

　　此外，要鍛鍊出線條分明的腹肌，也就是俗稱的「六塊肌」時，必須配合飲食減量。一味進行腹肌訓練，是無法打造出腹肌的。若想要打造六塊肌，除了腹肌訓練以外，同時需要配合其他部位的訓練與控制飲食。

龍旗

鍛鍊到的肌肉

主動肌 ▶腹直肌

協同肌 ▶外腹斜肌、內腹斜肌

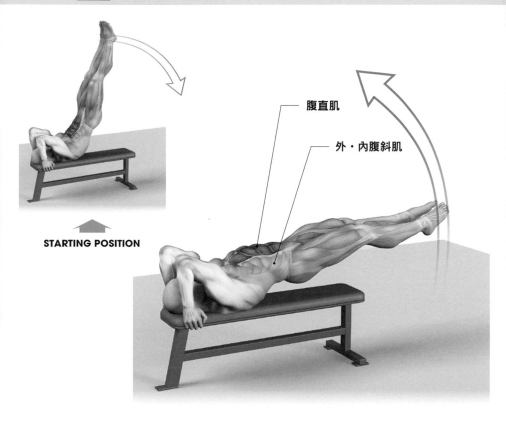

腹直肌

外・內腹斜肌

STARTING POSITION

▶訓練方法

呼吸
▼

動作前吸氣，動作中暫時憋氣。

❶仰躺在平板椅上，雙手握住平板椅的兩側，讓身體保持穩定。

❷伸直雙腿，使腹肌出力，讓身體保持一直線，然後讓肩胛骨以下的部位離開平板椅，直至幾乎與地面垂直。

❸腹部繼續出力，將雙腿緩慢地放下。不要讓臀部與背部貼在平板椅上。之後依照需要的次數重複此動作。動作時，除了腹肌施力外，也要牢牢握住平板椅，讓身體保持固定。

TRAINING

BIO MECHANICS

腹直肌

外・內腹斜肌

▶生物力學重點

POINT

❶此項目是對腹直肌的上部、中部、下部施以高負荷的最強徒手訓練，也是李小龍進行過的知名訓練方法。

❷因要讓腹部持續出力，不會對腰部造成多餘的負擔。

❸難度非常高。要抬起雙腿時的負荷雖然不大，但放下雙腿時會產生極大的負荷。與下一個介紹的項目健腹輪一樣，伸展時會產生高度負荷。

動作時，需要牢牢握住平板椅固定身體。並且，千萬不要大力放下雙腿，要以緩慢的速度放下

健腹輪

鍛鍊到的肌肉

主動肌 ▶腹直肌
協同肌 ▶外腹斜肌、內腹斜肌、背闊肌

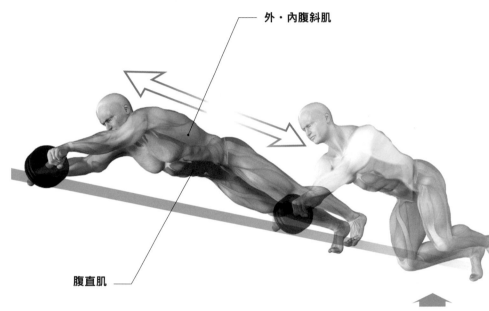

外・內腹斜肌

腹直肌

STARTING POSITION

▶訓練方法

❶雙膝跪在墊子上，保持手肘伸直的狀態，雙手牢牢握住健腹輪的握柄，接著伸展背脊。

❷以膝蓋為支點，朝向前方推動健腹輪，同時緩慢地伸展身體。

❸將身體伸展至極限後，按照原本的軌道回到起始姿勢。往回拉時要緩慢地進行，不能利用反作用力。之後依照需要的次數重複此動作。

呼吸
▼
往前推健腹輪時吸氣，往回拉時吐氣。

TRAINING

BIO MECHANICS

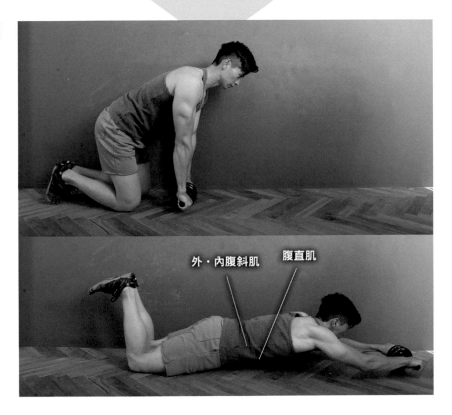

外・內腹斜肌　腹直肌

▶生物力學重點

❶大部分腹肌訓練的特徵是：收縮時會感到負荷，但在伸展時會產生更強烈的負荷。

❷重點不在於「執行動作」，而是「刺激到主動肌」。必須注意在執行動作時，速度不能變快。

❸如果過度挺腰，會對腰部造成負擔，導致腰痛。建議背脊要挺直，或是稍微駝背也可以。

LEVEL UP

以膝蓋不著地的方式進行時，難度會提高。習慣動作後，可以試著以膝蓋不著地的方式挑戰看看

平衡球負重捲腹

鍛鍊到的肌肉

contract
項目

主動肌 ▶腹直肌
協同肌 ▶外腹斜肌、內腹斜肌

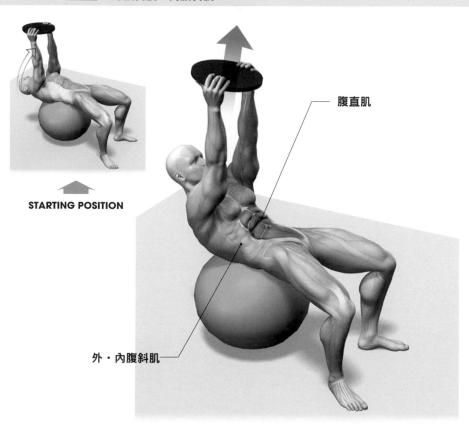

STARTING POSITION

腹直肌

外‧內腹斜肌

▶訓練方法

❶仰躺在平衡球上，雙腳距離約與肩同寬。為了讓身體穩定，要採取大幅度的姿勢。膝蓋呈90度左右。

❷將身體完全靠在球上，沿著曲面讓腹直肌伸展。握著啞鈴（或是槓片），雙臂朝著天花板伸直。

❸將啞鈴筆直舉起，盡可能往天花板方向推，讓腹肌上部收縮。當感覺到收縮後，緩慢地放下來。之後依照需要的次數重複此動作。

呼吸
▼

將啞鈴往上推時吐氣，放下時吸氣。

TRAINING

外·內腹斜肌

腹直肌

▶生物力學重點

❶在地板或平板椅上無法讓腹直肌獲得充分伸展，但沿著平衡球的曲面就能拉伸身體使腹直肌獲得伸展，正是此項目的優點。
❷能確實刺激到身為主動肌的腹直肌上部。並且，為了讓身體在平衡球上穩定，會運用到深層肌肉。
❸不會對腰部造成負擔，適合患有腰痛而無法進行捲腹的人。

NG!

要注意仰躺在球上時的位置。只有肩膀到肩胛骨靠在球上，腰部下沉的狀態，腹直肌無法充分伸展

交叉捲腹

鍛鍊到的肌肉

contract 項目

主動肌 ▶腹直肌、外腹斜肌、內腹斜肌、髂腰肌

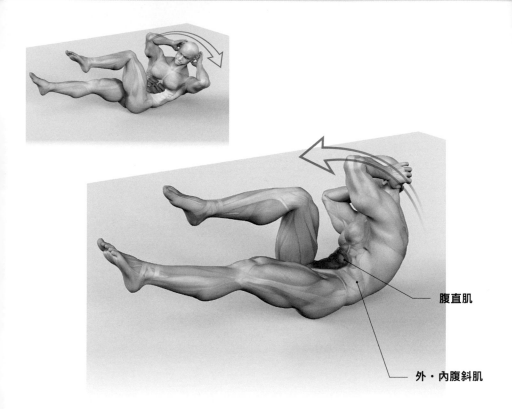

腹直肌

外·內腹斜肌

▶訓練方法

❶仰躺在墊子上,髖關節呈90度、膝關節也呈90度屈曲。雙手抱住後腦勺。

❷扭起身體,同時使對角線上的手肘及膝蓋靠近。讓左肘貼近右膝,右肘則貼近左膝。

❸以緩慢的速度進行時會很困難。要以左右交互的節奏重複動作。

呼吸

▼

主動肌收縮時吐氣,伸展時吸氣。

TRAINING

BIO MECHANICS

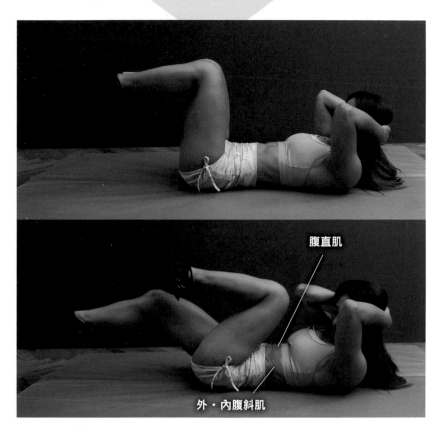

腹直肌

外・內腹斜肌

▶生物力學重點

❶不光是腹直肌,此項目也能鍛鍊到位在側腹的外腹斜肌、內腹斜肌,以及髖關節的深層肌肉──髂腰肌。髂腰肌是連接下半身與上半身的重要深層肌肉,加以鍛鍊的話,能改善骨盆帶的動作。此外,髂腰肌攣縮的人容易呈現前傾姿勢。髂腰肌訓練亦能預防腰痛。
❷不是「抬起膝蓋」,而是「將手肘貼近膝蓋」。

POINT

若是要「撐起上半身,將手肘貼近膝蓋」會覺得有困難,因此只要意識到「將手肘貼近膝蓋」這點進行即可

抱膝運動

鍛鍊到的肌肉

contract
項目 　主動肌 ▶腹直肌、髂腰肌

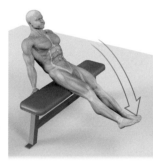

STARTING POSITION

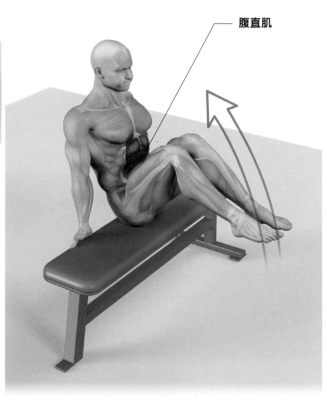

腹直肌

▶訓練方法

呼吸
▼

❶坐在墊子或平板椅上，雙手放在後方，讓身體穩定。雙腿靠攏，往前伸直，並微微屈膝。

❷意識到腹肌下部，將膝蓋抬至胸前。

❸放下時要意識到腳尖，雙腿盡可能往前伸。腳尖的力道一旦鬆懈，就容易運用到股四頭肌等，因此要小心。之後依照需要的次數重複此動作。

抬起膝蓋時吸氣，然後一邊吐氣一邊放下。

TRAINING

BIO MECHANICS

腹直肌

▶生物力學重點

❶此項目適合鍛鍊腹直肌（尤其是下部）。此外，亦能鍛鍊到髂腰肌。

❷身體太過往後倒時，會變成是用腰部支撐，而不是腹肌。罹患腰痛的人必須留意。

與左上照片相比，此為雙腳太過貼近的錯誤範例。重點是意識到腳尖，放回去時要盡可能地往前伸

179

平衡球提腿

鍛鍊到的肌肉

contract 項目		
主動肌	▶腹直肌、髂腰肌
協同肌	▶腹斜肌、內腹斜肌

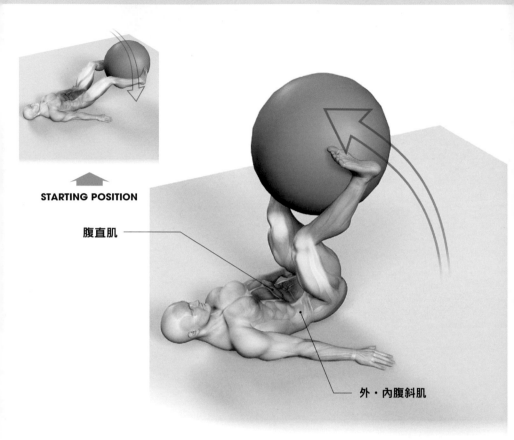

STARTING POSITION

腹直肌

外・內腹斜肌

▶訓練方法

❶仰躺在墊子上，雙手往左右張開，讓身體穩定。用雙腿夾住平衡球。雙膝適度曲起。

❷屈曲髖關節直至呈90度。這段期間保持夾住平衡球的狀態。

❸感受到主動肌收縮後，緩慢地回到起始姿勢。之後依照需要的次數重複此動作。

呼吸

▼

一邊吐氣一邊抬起雙腿，一邊吸氣一邊恢復原位。

TRAINING

BIO MECHANICS

腹直肌　　　外・內腹斜肌

▶生物力學重點

❶此項目能夠大幅刺激到腹直肌，尤其是下部。若要提高提腿時的負荷，使用啞鈴能提升難度，此項目是使用平衡球來施加負荷。

❷使用直徑寬大的平衡球，能以下腹部為軸心，給予整個腹肌刺激。能均衡地鍛鍊到整個腹肌。

❸放下腿時會產生離心力，離心動作因為要承受離心力，故刺激會比提腿時還要強烈。

LEVEL UP

雙手交抱會讓難度更高。待習慣動作後，可以挑戰這個姿勢看看

07

懸吊提腿

鍛鍊到的肌肉

contract
項目

主動肌 ▶腹直肌、髂腰肌
協同肌 ▶外腹斜肌、內腹斜肌

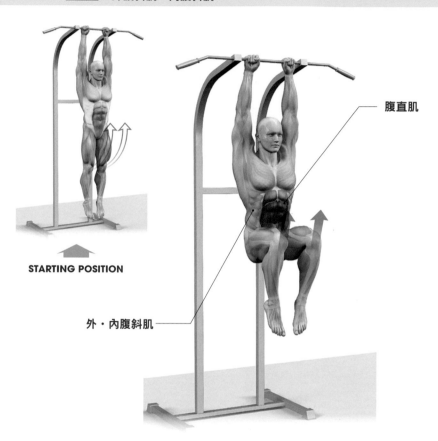

STARTING POSITION

腹直肌

外・內腹斜肌

▶訓練方法

❶用雙手握住訓練綜合槓架或引體向上桿等器材，垂掛於半空中。身體垂直放下。

❷屈起髖關節，快速地將大腿抬起。

❸當抬高至髖關節呈90度時，暫時停止不動，然後緩慢地放下大腿。動作時，雙腿要保持靠攏。之後依照需要的次數重複此動作。

呼吸
▼
一邊吐氣一邊抬起雙腿，一邊放下一邊吸氣。

TRAINING

BIO MECHANICS

腹直肌

外・內腹斜肌

▶生物力學重點

❶此項目是刺激腹直肌下部。上半身（尤其是手臂）不能過度出力。此外，不要利用抬起臀部時的反作用力進行。

❷此為高負荷項目。首先以屈膝狀態進行，待習慣後，再嘗試伸直膝蓋。

❸上級者強化版：先伸直膝蓋進行，等到抬不起來時，屈膝再重複數次此動作。

LEVEL UP

以膝蓋伸直的狀態進行時會提高難度。將雙腿抬至與地面平行

183

棒式臀部扭轉

鍛鍊到的肌肉

stretch
項目

主動肌 ▶腹直肌、外腹斜肌、內腹斜肌

協同肌 ▶豎脊肌群

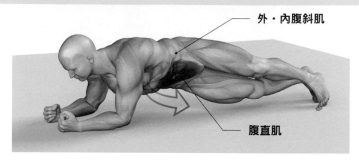

外・內腹斜肌

腹直肌

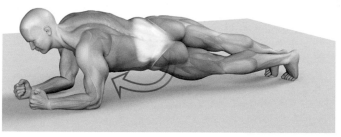

▶訓練方法

❶雙肘靠在墊子上，擺出棒式的姿勢。肩關節及肘關節的角度呈90度。雙腳充分伸直，腳尖著地，讓身體保持一直線。

❷扭起腰，左右搖晃骨盆。不是「擺動腰部」，而是「搖晃骨盆」。

❸動作時，不要將腰部抬起放下。身體要保持一直線，以身體直線為軸心搖晃。動作要保持節奏。

呼吸

▼

動作中配合節奏呼吸，不要憋氣。

TRAINING

BIO MECHANICS

外・內腹斜肌

腹直肌

▶生物力學重點

❶此項目比照片看起來還要困難。不光是外側的肌肉，為了保持身體平衡，也會運用到深層肌肉，能鍛鍊到軀幹與平衡感。

❷有節奏地進行，但不要使力。動作要仔細。

NG!

動作時不要抬起腰部。身體要保持一直線進行

第8章 ▶ 腹肌

俄式扭腰

鍛鍊到的肌肉

contract 項目

主動肌 ▶外腹斜肌、內腹斜肌、腹直肌

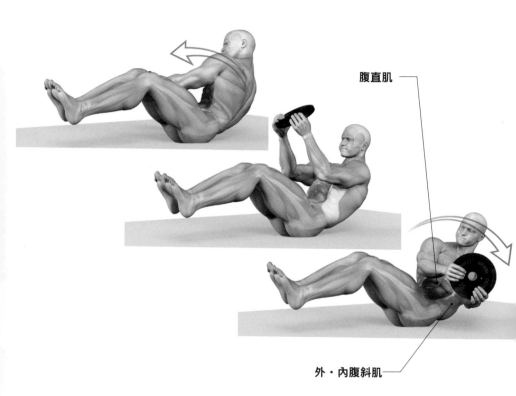

腹直肌

外・內腹斜肌

▶訓練方法

①仰躺在墊子上，撐起上半身，將髖關節與膝關節屈曲呈90度。

②保持撐起上半身的姿勢，雙手握著啞鈴等產生負荷。讓啞鈴靠近身體，能讓動作較為穩定。

③左右扭腰，扭至極限，盡可能讓主動肌收縮。下半身保持不動。

呼吸

▼

動作中配合節奏呼吸，不要憋氣。

TRAINING

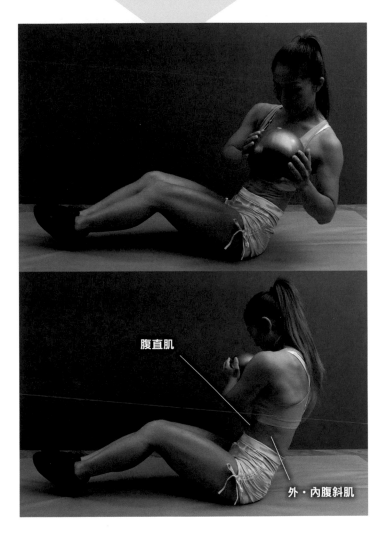

腹直肌

外・內腹斜肌

LEVEL UP

▶生物力學重點

❶此項目是針對腹部，尤其是以外腹斜肌、內腹斜肌為目標。適合想要瘦腰或是雕塑曲線的人。
❷選擇能夠重複20次動作的重量。

雙腳離地能讓難度提高。待能進行
20次後，可以雙腳離地挑戰看看

腰部旋轉訓練機

鍛鍊到的肌肉

contract 項目

主動肌 ▶外腹斜肌、內腹斜肌
協同肌 ▶腹直肌

外・內腹斜肌

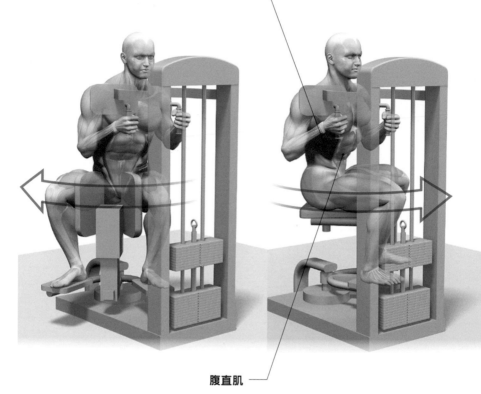

腹直肌

▶訓練方法

呼吸
▼

①在專用訓練機雙腿靠攏坐下。調整胸前的支撐板高度，設置成能讓身體充分固定的位置。一般來說，建議與肩膀同高。

②雙手握住把手，利用支撐板固定住上半身，接著扭轉身體。

③扭轉回原位時，不要利用反作用力，而是感受著腰部的負荷，緩慢地恢復原位。

一邊吐氣一邊扭轉身體，一邊吸氣一邊恢復原位。

TRAINING

BIO MECHANICS

外・內腹斜肌

腹直肌

▶生物力學重點

❶根據訓練機的類型，有些是扭轉上半身的機型。此機型是將下半身固定住，穩定軸心扭轉上半身。

❷與俄式扭腰一樣，是主要鍛鍊到外腹斜肌、內腹斜肌的項目。由於能調整負荷，對於進行俄式扭腰感到困難的人，可以從這個項目開始挑戰。

POINT

將支撐板設置成與肩膀同高。要設置在能讓上半身穩定的位置

雨刷式腹轉

鍛鍊到的肌肉

主動肌 ▶**外腹斜肌、內腹斜肌、腹直肌**
協同肌 ▶**髂腰肌**

腹直肌

外・內腹斜肌

▶訓練方法

呼吸

❶雙手握住訓練綜合槓架或引體向上桿等器材，垂掛於半空中。雙腳靠攏向正上方移動，腳底盡量朝向天花板。

動作中配合節奏呼吸，不要憋氣。

❷按此姿勢固定上半身，像汽車的雨刷一樣左右來回擺動雙腳。

❸動作中雙腳應盡量與地面垂直，注意腳尖盡量朝向天花板。擺動節奏建議不要太快。此外，注意上半身（特別是手臂）不要過分用力。

TRAINING

BIO MECHANICS

腹直肌

外・內腹斜肌

▶生物力學重點

❶此項目難度非常高，是針對老手的訓練。動作中會運用到外腹斜肌、內腹斜肌及腹直肌等多種腹部周圍的肌肉，也更為要求上半身的力量。

❷若利用反作用力，在身體擺動時有可能因力度過大而偏離，產生危險。另外，身體擺動時若不施力，有可能會造成腰痛。動作不要一鼓作氣，應仔細地進行。

❸建議使用能維持身體力量，如拉力帶等輔助器具。

POINT　起始姿勢時腳底應朝向天花板。此外，考慮到安全問題，建議使用拉力帶等能夠輔助握力的器具

只要「堅持」便能改變人生
～訓練中蘊藏著未知的可能性～

　　每天泡體育館的日子過了大概 1 年的時候，我開始接受茨城縣大會健美錦標賽冠軍的訓練。第一次見識到健美運動員的身體，我受到莫大的震撼，想著原來隨著訓練，人的身體可以有如此大的變化。受到他的鼓勵，隔年，也就是我 22 歲時，第一次參加了茨城縣大會的健美錦標賽。

　　從那時候起我更投入練習，孜孜不倦地鍛鍊身體。在這個過程當中，也了解到除了訓練之外，飲食與休息是多麼的重要。當時，熱中健身的人在社會上還是少數，我也曾經被身邊的人問「做這個幹嘛？」。媒體幾乎不會報導健身的好處，甚至曾經宣揚「高齡人士做肌力訓練會令血壓上升」這樣負面的印象。

　　可是，事實上就如各位在這個專欄看到的一樣，健身有著各式各樣的優點。如能正確地進行訓練，幾乎不會對身心帶來任何負面影響。實際上，我也快 50 歲了，但現在仍然每天過得健康快樂，精力充沛。我想這是我堅持健身這麼多年的成果。年輕時根本沒想過「將來想活得健健康康」，只是因為想要鍛鍊身體、喜歡訓練，所以才一直繼續至今。也因如此，才造就了現在的我。如果當初沒有接觸健身，我猜我的人生將會更為疲憊不堪。現在的我根本無法想像沒有健身的生活。我在不知不覺中，遇到了令我的人生更為充實的生活方式。

　　以「想舉出更重的臥推」、「手臂想再變粗 1cm 左右」為目標，努力至今的所有訓練，改變了我的一生。此外，在擔任個人健身教練的過程中，看到客人的體型與身體狀況有所改善、健身慢慢成為他們生活一部分的時候，我又再次深切感受到健身的好處。

　　健身仍然蘊藏著許多尚未發現的可能性。透過正確的訓練，膝痛、腰痛……等症狀預期能夠得到改善。現在是「人生 100 年時代」，「健身」對社會整體所帶來的效果，在今後想必會愈來愈重要。　　　　　　　　　　　　　　　（豐島 悟）

第9章

健身菜單的
設計與實踐

text by Satoru Toyoshima

THE TRAINING ANATOMY
CHAPTER 09

How To Training

$$\boxed{\textit{健身的進行方式}}$$

採取「分割式訓練」

接下來將說明實際的訓練菜單的設計方式。健身領域有名為「分割式訓練」的概念，這是在訓練時把全身肌肉分為好幾部分，如「胸部跟肱三頭肌」、「背部跟肱二頭肌」等來進行鍛鍊的方法。

雖然最開始的1～2個月，可以用單次訓練便能鍛鍊全身肌肉的菜單，但如果是經常去健身房，每週會去3次以上的人，大多都會使用「分割式訓練」的方法。

分割式的邏輯是優先鍛鍊大肌群，也就是胸、腿、背等部位。舉例來說，胸部項目的臥推，會運用到肱三頭肌等小肌群作為協同肌。若以肱三頭肌→胸部這樣的順序進行訓練，在進行胸部項目時，肱三頭肌會比胸部肌肉更快處於疲勞狀態，因而無法充分刺激到胸部肌肉。

此外，一開始要針對自己最想鍛鍊的部位來訓練。這稱為優先訓練原則，對於特別想要加強鍛鍊的部位，應該趁體力充足、肌肉還沒疲勞時進行訓練。訓練過程中隨著重複次數（rep）及組數（set）的累積，體力會逐漸消耗。因此如果有想優先鍛鍊的部位，或是覺得不夠發達的部位，應該先針對它們進行訓練。

部位的分類方法，最主流的是「推／拉法（Push/Pull法）」，這是把動作分為推的動作（推類項目）及拉的動作（拉類項目）的方法。以具體項目舉例的話，胸部項目的臥推及啞鈴推舉、肱三頭肌項目的下拉及三頭肌伸展等屬於「推的動作」；而背部項目的滑輪下拉及啞鈴划船、肱二頭肌項目的槓鈴彎舉及啞鈴彎舉等，則屬於「拉的動作」。

也就是說，「胸部」、「肱三頭肌」及「肩部」等屬於推類，「背部」及「肱二頭肌」等則屬於拉類，分割式訓練會組合這些部位。例如，分成3部分的話，會有「胸部＋肱三頭肌」、「腿部＋肩部」及「背部＋肱二頭肌」等組合方式。

最有效的肌肥大方法：「POF」法

關於項目的組合，首先應於菜單中加入使用高重量的複合項目（多關節項目）為基礎，再加上孤立式項目（單關節項目）作為輔助。

另外，也有一種名為「POF」的方法，受到眾多健美運動員、健體運動員以及健身老手的喜愛。「POF」號稱是極具效果的肌肥大方法，因此也建議各位實踐看看。

「POF」是「Positions Of Flexion」的簡稱，此方法把關節的活動範圍分為mid-range（中間位置）、contract（收縮）及stretch（伸展）3類，並把各類別的關節角度中，能施加最大負荷的項目組合起來。在胸部項目中，臥推會在動作中段施加強烈負荷，因此是mid-range項目；蝴蝶式擴胸在結束姿勢時負荷最強，屬於contract項目；伸展胸大肌時負荷最強的啞鈴飛鳥則是stretch項目。

訓練時，建議按照使用重量從高至低的順序，也就是mid-range項目→stretch項目→contract項目。透過這3種項目，能刺激目標肌肉的全部活動範圍，由此達到all out的狀態。

打造理想體態的訓練

這一章中，會以健美比賽的三個官方項目「健美（Bodybuilding）」、「男子健體（Men's Physique）」及「女子比基尼（Bikini Fitness）」為範例，為想要打造如各選手般理想體態的各位，介紹示範的訓練菜單。「健美」是追求全身肌肉的發達，以及把體脂降到極限的終極肉體競技。男子健體主要評鑑男性的肌肉美感，女子比基尼則是評鑑健身女性的肉體美感的競技。無論哪一項，若沒有認真訓練是不可能勝出的，但由於比賽評分準則不一，需要先了解每種比賽的特質，再針對它進行訓練。

實際上，活躍於上述競技中的選手們，大多都以每週5～6次的頻率、把訓練仔細分割為4～5部分在鍛鍊。可是考慮到要兼顧工作與家庭，還有疲勞及恢復所需的時間，每週去健身房3次、每次訓練1～1.5小時，算是比較符合現實的「入門」門檻。

接下來會介紹每週訓練3次的全身肌肉鍛鍊案例，也就是「三分割式」的訓練菜單。但它充其量只是一個「範例」，請各位在打造自己理想體態的前提下作為參考即可。

TRAINING MENU ►

TOPIC | **02** | **Bodybuilding**

範例：健美

DAY 1

部位	項目	重複次數	組數
胸部	臥推	6～12	3～4
	上斜啞鈴臥推	8～12	2～3
	上斜啞鈴飛鳥	8～12	2～3
	啞鈴仰臥拉舉	8～15	2～3
	大飛鳥（胸大肌上部及胸大肌下部）	12～20	4
肩部	頸後推舉	6～8	2～3
	單手肩推	6～8	2～3
	阿諾肩推	8～15	2～3
	啞鈴立正划船	8～12	2～3
	側平舉	12～20	2～3
	三角肌平舉	8～12	2～3
	反向飛鳥	12～20	2～3
肱三頭肌	仰臥三頭肌伸展	6～8	2～3
	史密斯窄握三頭肌推舉	8～12	2～3
	單手三頭肌滑輪伸展	10～15	2～3

※ 鍛鍊腹肌應做捲腹或仰臥起坐各 20 次為一組，做 2 ～ 3 組，
抬腿做 20 次為一組，做 2 ～ 3 組。每週要做 2 次。

透過主流複合項目來增重

　　首先針對想打造出健美運動員體態的人來介紹做為範例的訓練菜單。健美運動員要求全身肌肉發達，因此不用考慮「優先鍛鍊肩膀」或「背部應重視寬度大於厚度」等，所有肌肉均要優先鍛鍊，也就是說必須均衡鍛鍊全身的肌肉。

DAY 2

部位	項目	重複次數	組數
腿部	槓鈴深蹲	8～12	3～4
	腿部推舉	8～12	3～4
	史密斯深蹲	8～15	2～3
	保加利亞深蹲	8～15	2～3
	腿部屈伸	12～20	2～3
	腿彎舉	12～20	2～3
	立姿小腿上提	12～20	2～3
	小腿推舉	12～20	2～3
	坐姿小腿上提	12～20	2～3

DAY 3

部位	項目	重複次數	組數
背部	硬舉	8～12	3～4
	槓鈴划船	8～12	3～4
	頸前滑輪下拉	8～15	3～4
	頸後滑輪下拉	8～15	2～3
	T槓俯身划船	8～15	2～3
	啞鈴聳肩	15～20	2～3
肱二頭肌	槓鈴彎舉	6～8	2～3
	錘式彎舉	8～15	2～3
	上斜彎舉	8～15	2～3

　　可是，訓練的時間與體力是有限的。就算要鍛鍊所有肌肉，也必須從中排出優先順序。若每週訓練3次，便應最先訓練大肌群的「胸」、「腿」及「背」等部位。範例菜單是以「推／拉法」為基礎，再加上針對小肌群的訓練。雖然健美運動員要鍛鍊全身的肌肉，但當中又以「腿」最為重要。因此最好也能加上單獨針對「腿部」的訓練。若是這樣，菜單便會分為DAY 1鍛鍊「胸部＋肩部＋肱三頭肌」的「推」日，DAY 2鍛鍊「腿」，以及DAY 3鍛鍊「背部＋肱二頭肌」的「拉」日。若是以健美運動員為目標，在項目選擇上應以可以刺激

02 範例：健美

到較多肌肉的主流複合項目為主，達到增重的目的。

說到胸部的「主流複合項目」，就不得不提臥推。因過程中想使用有點重的負荷，故重複次數設定為6～12次。

順帶一提，這裡的「6～12次」，並不是「只要舉到這個量就好」的意思。肌肉並不能用數字來表示，「6～12次」指的並不是數字，而是對當中帶來的刺激所作出的反應。也就是說，「6～12次」是指在訓練時，要使出盡全力勉強能舉到這個次數的重量。如果明明能夠做20次，卻只做了12次，便不會得到理想的效果。關於組數也是一樣，如果設定為「2～3組」，那就要在過程中用盡全力。不要磨磨蹭蹭地花時間完成目標，而是盡量在短時間內集中發揮全力，培養這個感覺也是訓練過程中很重要的一點。

胸大肌上部的項目，則有上斜啞鈴臥推及啞鈴飛鳥。若訓練時間的90分鐘內無法全部完成，那就選擇其中一種。如果時間充裕的話，則建議兩者都做。接著再加上contract項目的蝴蝶式擴胸，以及增加胸部體積的啞鈴仰臥拉舉。雖然拉舉不怎麼受人矚目，但能鍛鍊胸小肌及胸大肌下部，是個不錯的stretch項目。它亦能提高肩關節的柔軟度，若是使用高重量的健美運動員，請務必實踐此項目看看。

最後是針對胸大肌上部及下部的大飛鳥項目。做這個動作時，要分別對上部及下部重複多次訓練，令胸肌體積能夠擴大到極限。在做這個部位最後的訓練時，要做多次的孤立式項目，直至主動肌累到再也動不了為止。這個行為被健身愛好者稱為「收尾」，胸部項目的話，可以分別做2組針對上部及下部的2種大飛鳥，共4組。若時間不足以完成2種，可選擇其中一種，或是針對自己較弱的一種進行2組訓練。

肩膀項目的話，以能夠承受高重量的頸後推舉為優先，之後再加上單手肩推或阿諾肩推其中一種。若時間充分，建議2個項目都做，此時應先進行能承受高重量的單手肩推。

接下來，單側肩膀項目有立正划船及側平舉。如時間有限，只做其中一種也可以，但若是2種都做，應該先進行複合項目的立正划船。針對三角肌後束，可進行三角肌平舉，再以反向飛鳥作收尾。最後再進行肱三頭肌項目，這一天的訓練便結束了。

照片中間的是筆者。健美講求全身肌肉發達，
但當中又以腿為最重要的部位

腿部肌肉是健美運動員的象徵

DAY 2進行的是腿部訓練，腿部對健美運動員來說，是最為重要的部位。腿部肌肉是否發達，會大幅影響健美運動員的評價，也是能簡易判斷出運動員有沒有認真訓練的部位。發達的腿部肌肉是健美運動員的象徵，因此應花時間好好鍛鍊。

在體力充足時，一開始應先以高重量進行複合項目。進行槓鈴深蹲及腿部推舉刺激整體雙腿肌肉，再以史密斯深蹲鍛鍊股四頭肌。針對臀部及大腿後肌，stretch項目的保加利亞深蹲則能帶來強烈刺激。接著進行孤立式項目的腿部屈伸，最後以腿彎舉給予收縮性刺激作為收尾。

對於全身肌肉都會被從前後左右評分的健美運動員而言，小腿也是絕不可忽視的部位。在擺出抬高腳跟的姿勢時，小腿的曲線十分重要。因此在腿部訓練的最後，也不忘要鍛鍊小腿。首先進行立姿小腿上提，對小腿三頭肌的腓腸

02 範例：健美

背部的「厚度」及「寬度」同樣重要。
下半身則必須要好好鍛鍊臀部及大腿後肌

肌及比目魚肌帶來整體刺激。再來是透過小腿推舉鍛鍊腓腸肌，以及坐姿小腿上提鍛鍊比目魚肌。

　　在體力充足時，一開始應先以高重量進行複合項目。進行槓鈴深蹲及腿部推舉刺激整體雙腿肌肉，再以史密斯深蹲鍛鍊股四頭肌。針對臀部及大腿後肌，stretch 項目的保加利亞深蹲則能帶來強烈刺激。接著進行孤立式項目的腿部屈伸，最後以腿彎舉給予收縮性刺激作為收尾。

　　對於全身肌肉都會被從前後左右評分的健美運動員而言，小腿也是絕不可忽視的部位。在擺出抬高腳跟的姿勢時，小腿的曲線十分重要。因此在腿部訓練的最後，也不忘要鍛鍊小腿。首先進行立姿小腿上提，對小腿三頭肌的腓腸肌及比目魚肌帶來整體刺激。再來是透過小腿推舉鍛鍊腓腸肌，以及坐姿小腿

上提鍛鍊比目魚肌。

有強健的軀幹才能生出粗枝

　　DAY 3的背部訓練，以硬舉為主要項目。胸部的臥推、腿部的深蹲及背部的硬舉，被稱為三大關鍵複合項目。此三大項目相當重要，若確實地進行鍛鍊，便能使全身整體的肌肉增重。此外，硬舉項目能鍛鍊出強健的軀幹。想要生出粗枝，則必須有強健的軀幹。為了打造粗壯的手臂和雙腿，軀幹的核心力量必不可少。另外，高度發達的軀幹也有助提升身體整體的魄力及重量感。因此建議各位把硬舉加入訓練菜單。

　　不過，硬舉對下背部的刺激很強，積累的疲勞有可能會影響到深蹲的表現。若能以正確姿勢負荷一定重量的情況下，2週做一次硬舉的訓練便已足夠。考慮到這一點，DAY 2與DAY 3的訓練不要連續2天進行，中間隔個1～2天比較好。

　　背部肌肉構造複雜，因此需要從前面、後面及下面等多個角度進行拉類項目的訓練，給予刺激。訓練項目以正握的槓鈴划船及滑輪下拉等基礎的複合項目為主。滑輪下拉分為以大圓肌及背闊肌為對象的頸前滑輪下拉，以及讓肩胛骨周圍肌肉收縮的頸後滑輪下拉2種，建議2種都要訓練。雖然說是2種項目，但兩者皆使用相同機器進行訓練，因此不會太花時間。接下來想進行T槓俯身划船鍛鍊中背部，但若時間有限或健身房沒有提供相應設備，省略掉也沒關係。想要打造有魄力的健美身體，斜方肌也十分重要，因此最後可再加上啞鈴聳肩的動作。

　　假設肱二頭肌也是以「每週3次」的頻率進行訓練，在複合項目中使用高重量是最好的策略。一開始先進行肱二頭肌的經典複合項目——槓鈴彎舉，然後再做可以鍛鍊前臂的錘式彎舉。最後，以stretch項目的上斜彎舉作收尾。

　　鍛鍊腹肌的話，基礎項目的捲腹或仰臥起坐可以各做20次，做2～3組，另外加上抬腿20次，做2～3組。以每週2次的頻率、在各DAY的最後進行上述訓練即可。若在DAY 1的最後進行腹肌訓練的話，接下來便以DAY 3→DAY 2→DAY 1的順序繼續。

範例：男子健體

DAY 1

部位	項目	重複次數	組數
胸部	啞鈴臥推	6～12	3～4
	史密斯上斜胸推	8～12	2～3
	大飛鳥（胸大肌上部及胸大肌下部）	12～20	4
	槓片胸推	20	2
肩部	啞鈴肩推	6～8	3～4
	啞鈴反握上舉	8～15	2～3
	上斜啞鈴側平舉	12～20	2～3
	前平舉	12～20	2～3
	啞鈴後肩划船	12～20	2～3

※ 鍛鍊腹肌應做健腹輪及龍旗各20次為一組，做3組，
交叉捲腹或俄式扭腰各20次為一組，做3組。每週要做2次。

比起下半身，應優先對上半身施加重量

　　男子健體運動員穿著多功能運動短褲，不像健美運動員般用力擺出姿勢，而是著重以自然體態，展示經過鍛鍊的身體。2014年起日本開始舉辦男子健體比賽，瞬間在年輕健身運動員間成了炙手可熱的競技項目。

　　這是評比「最為帥氣的軀體」的男性競技項目。重要部位包括渾圓發達的肩膀、V字型的倒三角背肌，以及緊實又線條分明的腹肌。為了打造這樣的身體，跟健美運動員一樣，必須整體增重，但以優先度來說，上半身比下半身更重要。

　　因此，我設計了一個「胸部＋肩部」、「肩部＋肱三頭肌＋腿部」、「背部＋肩部＋肱二頭肌」的分割式訓練菜單。肩部是最重要的部位，因此每週訓練

DAY 2

部位	項目	重複次數	組數
肩部	側平舉	8~15	3~4
	立正划船	8~15	2~3
	繩索交叉側平舉	20	3
肱三頭肌	過頂三頭肌滑輪伸展	8~12	2~3
	單手啞鈴伸展	8~12	2~3
腿部	腿部推舉	8~15	3
	腿彎舉	15~20	3
	腿部屈伸	15~20	3
	立姿小腿上提	20~30	3

DAY 3

部位	項目	重複次數	組數
背部	引體向上	6~8	3~4
	反握滑輪下拉	8~12	2~3
	單手啞鈴划船	8~15	2~3
	直臂下壓	12~20	2~3
肩部	反向飛鳥	8~15	2~3
	臉拉	12~20	2~3
	上斜三角肌擺盪	20	2~3
肱二頭肌	啞鈴彎舉	8~15	2~3
	滑輪屈膝彎舉	8~15	2~3

3次。

　　DAY 1是高重量訓練日（heavy day），中間的DAY 2是低重量恢復日（light day），DAY 3則集中鍛鍊三角肌後束。在手臂方面，因男子健體競技的姿勢不像健美一樣，需擺出雙手二頭肌等舉起手臂的指定動作，故比起肱二頭肌更為重視肱三頭肌。

　　DAY 1首先進行使用啞鈴的基本項目，盡量提高負荷，刺激胸大肌。當然也可以把臥推當作主要項目，但啞鈴比槓鈴更能令肌肉收縮，打造出漂亮的胸大肌，因此建議各位選擇用啞鈴訓練的項目。槓片胸推對肩關節負擔較少，作為收尾項目再也適合不過。

03 範例：男子健體

高重量訓練日的肩部項目有啞鈴肩推、啞鈴反握上舉等，主要刺激三角肌前束的複合項目。這邊的訓練也跟健美一樣，在體力充足時先進行高重量的訓練項目。

再來是上斜啞鈴側平舉及前平舉，不厭其煩地重複多次。整個訓練可以想像為以複合項目打造肩部肌肉的基礎，再利用孤立式項目來修整形狀。最後便是三角肌後束項目，這一天的後三角肌項目會以負荷相對較高的啞鈴後肩划船作為收尾。

DAY 2 以低重量刺激「肩部」

DAY 2一開始會進行肩部的訓練，但這一天是給予低重量刺激的恢復日。將三角肌中束的代表項目依側平舉→立正划船的順序進行。如果時間有限，省略側平舉也可以，此時則要盡量增加立正划船的重量（若重複次數設定為8～15次，則使用勉強只能做8次的重量），組數也要增加至3～4組。接下來仔細地進行繩索交叉側平舉，作為肩部項目的收尾。

前面提過，因男子健體競技不需要擺出雙手二頭肌等指定動作，因此應好好鍛鍊位於手臂外側、表現手臂曲線的肱三頭肌外側頭。stretch項目的過頂三頭肌滑輪伸展負責鍛鍊長頭，contract項目的單手啞鈴伸展則能鍛鍊外側頭，兩者都要各做2～3組，激發肌肉。

腿部的第1個項目當然可選擇最為主流的槓鈴深蹲，但此時身體已經過肩部及肱三頭肌的訓練，因此選擇無論是在精神上或肉體上的負擔都比較小的腿部推舉，也不失為一個不錯的選擇。

複合項目以腿部推舉刺激雙腿整體肌肉，孤立式項目的腿部屈伸及腿彎舉則能鍛鍊股四頭肌及大腿後肌。此外，穿了多功能運動短褲還是看得到小腿，因此小腿的訓練也不能偷懶。可以重複進行多次立姿小腿上提，作為這一天的收尾。

打造塊塊分明的腹肌需要控制飲食

提到背部，倒三角形的背肌可說是健壯身軀的代名詞，也就是想要鍛鍊出V字型背肌。雖然背部的「寬度」及「厚度」兩者同樣重要，但如果因時間關係必須作出取捨，可優先鍛鍊「寬度」。因此，DAY 3的背肌訓練，把「從上方拉」的項目安排在最前面。集中訓練大圓肌及背闊肌，同時增加背肌整體的寬度。

男子健體競技的特徵有細腰、線條分明的腹肌、
渾圓的肩線及倒三角的背部等

　　首先進行的是拉類動作的複合項目──引體向上。重複次數雖設定在「6～8」次，但如果體重較輕，做8次以上也游刃有餘的情況，則可利用加裝槓片或啞鈴等的負重腰帶來加重。其他項目也一樣，應把強度提升至只能勉強做到「6～8」次的程度。

　　以引體向上對背肌造成強烈刺激後，再仔細地進行反握滑輪下拉。此外，也加入了基礎划船項目的單手啞鈴划船。最後，以直臂下壓作為收尾項目。以重複多次的方式，讓背肌整體體積盡量增加。

　　鍛鍊完身體背面，可以接續訓練三角肌後束。比起重視訓練重量的項目，三角肌後束這種部位更適合選擇能明顯感受肌肉動作的contract項目，確實地鍛鍊主動肌。

　　反向飛鳥是相對較能感受三角肌後束收縮的項目，因此一開始先進行此項訓練。接下來的臉拉雖然是較難有效果的項目，但因先前已經用反向飛鳥刺激過三角肌後束，比起只進行臉拉，應該更能感受到肌肉的收縮。最後，以低重量且動作簡單的上斜三角肌擺盪作為收尾項目。

03 | 範例：男子健體

肱二頭肌的重要度較肱三頭肌低，因此在這個時間點進行肱二頭肌訓練，應該最為合理。

項目選擇上，因之前的訓練已消耗大量體力，故選擇較為輕鬆的啞鈴彎舉及滑輪屈膝彎舉。但如果覺得自己的肱二頭肌還須加強，與三角肌後束的訓練交換順序也沒問題。

腹肌是男子健體競技的關鍵部位。可以透過健腹輪及龍旗等高強度項目，給予腹直肌強烈的刺激。另外，細腰也十分重要，可透過交叉捲腹及俄式扭腰等腰部項目，鍛鍊內、外腹斜肌，收緊腰線。頻率跟健美訓練一樣為每週2次。若在DAY 1最後進行了腹肌訓練，接下來便以DAY 3→DAY 2→DAY 1的順序繼續。

只是需注意，想要獲得「塊塊分明的腹肌」，必須控制飲食。即使辛苦鍛鍊，如果腹溝被厚厚的脂肪擋住的話，就看不到6塊肌了。若是想呈現出塊塊分明的腹肌，訓練的同時也應該考慮節食。

TOPIC | **04** | **Bikini Fitness**

範例：女子比基尼

練臀部要增加負荷，不同方向每週3次

女子比基尼競技與男子健體競技一樣，是2014年起在日本開始舉辦的新型競技項目。在年輕女性運動員間大受歡迎，以參加女子比基尼大賽為目標而開始健身的人愈來愈多。對女性來說，女子比基尼競技可算是「入門版」的重訓。

比起肌肉量與低體脂率，女子比基尼更注重女性鍛鍊過後的體態美。話雖如此，訓練還是很重要，跟其他競技一樣，必須達到整體肌肉增重。因此有計劃地進行訓練，好好鍛鍊肌肉吧。

DAY 1

部位	項目	重複次數	組數
胸部	上斜啞鈴飛鳥	15	3
	大飛鳥（胸大肌上部）	20	3
肩部	史密斯肩推	15	3
	側平舉	15～20	3
	平板側平舉	15～20	3
	雙手啞鈴擺盪	20	2
肱三頭肌	反握滑輪下壓	15～20	2
臀部	髖關節伸展	20～30	2
	蚌殼式訓練	30	2

DAY 2

部位	項目	重複次數	組數
腿部	槓鈴深蹲（寬距）	12～15	3
	保加利亞深蹲	12～15	3
	臀推	12～15	3
	髖關節外展	12～15	3
	髖關節內收	12～15	3
	腿彎舉	12～15	3
	滑輪後踢	20	2

DAY 3

部位	項目	重複次數	組數
背部	頸前滑輪下拉	12～15	3
	頸後滑輪下拉	12～15	3
	上斜啞鈴划船	12～15	2
	站姿滑輪划船	12～15	2
肩部	反向飛鳥	12～20	3
臀部	六角槓硬舉	12～15	2
	背部伸展	20	2

※鍛錬腹肌應做交叉捲腹或抱膝運動各20次為一組，做3組，
腰部旋轉訓練機或俄式扭腰來回20次為一組，做3組。每週要做2次。

04 範例：女子比基尼

▶ TRAINING MENU ▶

　　範例是以大肌群為主軸，加上「推／拉法」鍛鍊小肌群的組合。對於想要參加女子比基尼大賽的人甚至是一般女性而言，臀部都是關鍵部位，因此每次訓練都會鍛鍊到。

　　DAY 1的菜單為「胸部＋肩部＋肱三頭肌＋臀部」。雖然胸部排在最前面，但女子比基尼競技中胸大肌的重要度並沒有那麼高，因此應該為之後的訓練保留體力，訓練力度要適可而止。訓練胸大肌時，應優先鍛鍊上部，而不是會被服裝擋住的下部。第1個項目為stretch項目的上斜啞鈴飛鳥，第2個項目以大飛鳥作收尾。

　　肩膀是表現上半身曲線的重要部位，因此要有一定程度的項目數量，確實地進行訓練。

　　推類項目方面，考慮到安全問題，我建議利用史密斯機器進行肩推。鍛鍊三角肌中束的項目，則有最主流的側平舉，以及能讓軀幹穩定地感受主動肌運動的平板側平舉。最後再以雙手啞鈴擺盪收尾。這之後還有肱三頭肌及臀部的訓練，因此針對三角肌後束的訓練就先省略。

　　手臂部分的肱三頭肌及肱二頭肌，則以表現手臂線條的肱三頭肌為優先。在女子比基尼競技中，肱二頭肌並不是特別吸引人的部位，而且在背部項目中也會作為協同肌而鍛鍊到，所以這邊先大膽地砍掉，把時間及精力拿去鍛鍊臀部。

　　針對肱三頭肌，我選擇了女性也能輕鬆做到的反握滑輪下壓。若覺得下拉或後踢等比較能感受肱三頭肌運動的人，選擇這些項目也沒有問題。

　　今天先用徒手訓練，輕輕刺激臀部肌肉就好。先在DAY 1讓臀部肌肉活躍起來，接著在DAY 2施加高負荷狠狠地鍛鍊。另外，為了不讓刺激千篇一律，需要改變負荷的方向。菜單中編排進髖關節伸展為縱向負荷、蚌殼式訓練為橫向負荷，令刺激具有變化。

下半身的訓練要格外重視

　　因注重下半身的肌肉，所以DAY 2只訓練「腿部」。各位可能會有「女子比基尼」是十分華麗的競技之印象，但在訓練上其實要求跟健美及男子健體達到相同程度。尤其是若想要打造緊實的雙腿與飽滿圓潤的臀部，就必須在下半

女子比基尼競技也須達到整體肌肉增重。
除了臀部，肩膀、背部、腹肌及股四頭肌等部位的訓練也很重要

身的訓練下一番苦功。

　　第1個項目請務必挑戰槓鈴深蹲看看。因希望能刺激到內收肌群及臀部，建議使用寬距方式，把雙腳距離維持在腰寬甚至更寬的距離。

　　從第2個項目開始，集中鍛鍊髖關節周圍的肌肉。

　　首先是 stretch 項目的保加利亞深蹲，這是個即使只用低重量啞鈴，也能帶來高負荷的高難度項目。它能有效促進臀部肌肉及大腿後肌的發達，因此希望能盡量加入到菜單中。接下來是 contract 項目的臀推，然後用髖關節內收鍛鍊內收肌群，以及髖關節外展鍛鍊臀中肌，令髖關節周圍的肌肉從內收及外展兩個方向，得到均衡的刺激。

　　此外，菜單中也想加入大腿後肌的 contract 項目——腿彎舉。女子比基尼競技的特徵是，縫匠肌線條特別明顯的選手更具有獲獎的優勢，因此在菜單中加入鍛鍊大腿前面的腿部屈伸項目，也是一個不錯的選擇。

　　收尾項目則選擇能仔細鍛鍊的滑輪後踢，並設定高重複次數來達到 all out 狀態吧。

209

04 範例：女子比基尼

不要因「我訓練過了」而滿足

DAY 3的背部項目，希望能達到細腰及倒三角背肌的效果。首先進行針對大圓肌的頸前滑輪下拉，如果健身房有提供雙軌滑輪機，也可以換成滑輪眼鏡蛇。接下來的動作是容易感受背肌運動的頸後滑輪下拉及上斜啞鈴划船。背肌是自己看不見的肌肉，所以「容易感受肌肉運動」這件事變得格外重要。第4個項目的站姿滑輪划船也是容易感受肌肉收縮及伸展的動作，可作為收尾項目。

鍛鍊完身體背面，此時可加入1個針對三角肌後束的項目，選擇不太需要技巧的反向飛鳥即可。臀部項目也從背部項目延伸，選擇了六角槓硬舉。若沒有六角槓，則可以用啞鈴深蹲代替此動作。最後進行背部伸展，刺激臀部及豎脊肌群，作為收尾項目。

考慮到腰間曲線及腹直肌的線條，鍛鍊腹肌最好做交叉捲腹或抱膝運動各20次，做3組，以及腰部旋轉訓練機或俄式扭腰來回20次，做3組。每週做2次。

比起男性，女性受激素影響，肌肉收縮較弱，因此訓練時有高負荷低次數的傾向。所以，我把重複次數設定得比健美及男子健體的菜單更高。

只是，即便動作進行的重複次數增加，也不代表「重量輕一點也沒關係」。切勿滿足於「我訓練過了」的念頭，如果很輕鬆便能做完15次，便增加使用重量繼續訓練，有這樣的觀念十分重要。

此外，因女性關節較細、握力較弱，建議各位可利用護腕及拉力帶等輔助器具。有沒有利用輔助器具會影響訓練效果及使用重量，請各位務必好好活用。

應用項目

text by Satoru Toyoshima

THE TRAINING ANATOMY
CHAPTER 10

對胸大肌有效的滑輪下拉

最後，為各位介紹我自己也有在做的應用項目。若已經完全掌握基本項目，想要新的刺激，可嘗試挑戰下述項目。

1

跟一般的滑輪下拉一樣，坐在滑輪機前，把肩胛骨保持在上旋狀態，握住把手。建議使用拇指與四指同側的虛握法。重量調整至普通滑輪下拉的一半左右

2

上半身稍微後傾，用力拉下把手。到這個步驟為止都跟普通的滑輪下拉一樣

**利用拮抗肌的
剎車作用**

這項訓練法是利用了拮抗肌的剎車作用。胸部的拮抗肌會對背部主動肌「踩剎車」，令胸大肌（特別是下部）得以伸展。因此能給予推類項目及拉類項目無法帶來的刺激，有助提升胸大肌的輪廓。

3

胸大肌一邊發力，一邊放鬆把手。即使是在對背部施加負荷，也要集中感受胸肌的運動

4

一邊深呼吸，一邊把胸部往前推

啞鈴蝴蝶式擴胸

1

仰躺在平板椅上，在肩胛骨收緊的狀態下，在胸部下緣（劍突附近）握住啞鈴。雙腳距離約與肩同寬，踩穩地面，令身體保持穩定

2

雙手用力把左右兩側的啞鈴往內壓，像積片胸推一般把手肘靠攏。啞鈴重量設定為啞鈴飛鳥時的三分之一左右

POINT

▼

即使不用機器，也能做到蝴蝶式擴胸

平常的啞鈴飛鳥屬於stretch項目，但此動作則是在收縮時帶來強烈負荷的contract項目。蝴蝶式擴胸的專用機器十分受歡迎，在健身房經常「大排長龍」。這項目可以讓我們就算不用機器，也能獲得同等的刺激。

EZ BAR側平舉

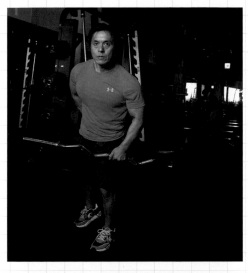

1

以站姿單手握住EZ BAR的中央位置，採用拇指與四指同側的虛握法。手肘不要完全伸直，輕微屈曲

2

以肩關節為支點，用手肘帶動，像畫圓一般舉起EZ BAR。可以想像是用單手在做側平舉

小腿

腹肌

健身菜單的設計與實踐

應用項目

POINT
▼
比使用啞鈴時更要求動作精準度

不同於啞鈴，EZ BAR重心並不穩定，因此訓練時更要求動作的精準度。為了讓EZ BAR保持穩定，會運用到深層肌肉，因此比起啞鈴側平舉，此動作能鍛鍊更多肌纖維。若使用2個EZ BAR，左右手各舉1個，做出與普通雙手側平舉一樣的動作，因左右手的軌道不同，比起使用啞鈴時，肌肉運動的差異會更為明顯。左右的差異一目了然，有助修正自己的姿勢。

輔助式三頭肌掌上壓

1

利用輔助式引體向上機的輔助板，進行伏地挺身。雙手置於輔助板上，收緊腋下，上半身稍微前傾

2

不要施加自身體重，只靠肱三頭肌的伸展完成伏地挺身

POINT
▼
對健身初學者也很有效

雖然動作本身跟伏地挺身一樣，但不使用自身體重而是利用機器，所以能夠調整負荷。沒有太難的訣竅，就算是初學者，也能透過推類動作有效鍛鍊肱三頭肌。

史密斯保加利亞深蹲

1

扛起史密斯機器的槓身，背打直站立。單腳放在平板椅上，做出保加利亞深蹲的起始姿勢

2

屈曲前腳膝蓋，直至大腿跟地面平行。透過使用設定好角度的多功能史密斯機器，把臀部往後推，能更為有效地刺激臀大肌及臀中肌

POINT
▼
能夠直接刺激主動肌

透過使用軌道固定的史密斯機器，能直接刺激主動肌。此外，在進行離心動作時，如果夥伴能從上方徒手施加阻力，就會成為負荷更強的訓練。能安全地進行徒手抗阻是本項目最大的優點。

保加利亞深蹲&直腿硬舉

1

雙手拿著啞鈴,單腳放在平板椅上,背打直站立。放在平板椅上的腳與踩地腳的距離約與肩同寬,或可以用比肩寬再多半步的距離

2

進行保加利亞深蹲的動作。一邊感受臀肌伸展一邊將上半身下沉

POINT
▼
能同時鍛鍊
大腿後肌與臀部

這是結合了 contract 項目的組合訓練。進行保加利亞深蹲，肌肉伸展時，對於大腿後肌刺激較弱，但結合直腿硬舉便能對大腿後肌帶來強烈離心收縮刺激。即使使用較輕的重量，也能給予充分刺激。

3

伸展膝蓋，回到起始姿勢。注意保持平衡

4

背部維持挺直，沿著小腿放下啞鈴。一邊感受大腿後肌伸展，緩慢放下

史密斯深蹲&後背交叉

1

把史密斯機器的槓身扛在斜方肌上,雙腳距離約與腰
同寬。背打直站立,握距要比肩寬更寬,以不勉強肩
關節的寬度進行

2

一邊蹲下,一邊把單腳拉向斜後方。腳尖踩地而腳跟
朝上

POINT
▼
講求核心平衡力

此項目為左右腳相互交叉進行的訓練，因此特別要求核心平衡力。過程中除了臀大肌、臀中肌及大腿後肌外，在站起來時更會運用到軸心腳的股四頭肌。所以此項目的活動量比史密斯交叉分腿蹲更大。

3

收回伸出的腳，站起，回到起始姿勢

4

把另一邊的腳拉向斜後方。之後重複同樣的動作

1

此為利用彈力帶的項目。把彈力帶
套在膝蓋以上的位置，進行深蹲

2

在髖關節外展機上利用彈力帶，對
動作施加負荷

3

進行腿部推舉時利用彈力
帶，在關節外展時施加負
荷。另外，不論哪個項
目，若使用彈力帶，重量
需調整為沒有使用彈力帶
時的一半以下

POINT
▼
**對臀中肌及
臀大肌
施加高負荷**

彈力帶要套在膝蓋上面一點的位置。在髖關節外展項目施加彈力帶的阻
力，能對臀中肌及臀大肌造成強烈負荷。動作時膝蓋容易往內側偏移（夾
膝），因此要使用不會導致夾膝的重量。建議難以感受臀部肌肉運動，或
是做深蹲時容易夾膝的人，可以嘗試這個動作。用高重量進行深蹲的人也
適合用此項目當作熱身運動。

山口典孝

日本兵庫縣西宮市出身。擔任大阪滋慶學園專任教師等職位。隸屬於日本體育學會、日本健身科學會、日本陸上競技聯盟醫事委員會等。自關西學院大學畢業後，取得放送大學大學院文化科學研究科學位（學術碩士）。以研究身體機能的專家之力，用淺顯易懂的方式進行人體構造的解說，活躍於各教育與運動領域。目前從事教職之餘，針對少年運動團隊、高齡者介護預防訓練等主題，於各地演講及參與電視節目，並連續獲聘關西學院大學大學院人間福祉研究科委任研究員等。人脈廣泛，與職業及業餘運動選手均有交情，在大學、醫療、媒體各領域中也有朋友，並深受其他業界的信賴。著作有暢銷作品《筋肉のしくみ・はたらき事典》（西東社）、《リハビリテーションのための解剖学ポケットブック》（中山書店）、《小・中学生のための走り方バイブル》（KANZEN）、《早わかりリハビリテーション用語・略語・英和辞典》（Natsume社）、《動作でわかる筋肉の基本としくみ》（Mynavi）等。

豊島 悟

生於1974年。Total Health Care私人教練。日本Holistic協會物理治療師。自20歲起投入健美，歷經數年的空窗期，於2012年回歸大賽。同時從事私人教練，平均每年的訓練課程約為2500堂。

●主要成績
2013年　JBBF東日本選手權70kg級優勝
2014年　JBBF關東選手權男子健美優勝
2014年　JBBF日本級別選手權男子健美65kg級第2名
2015年　JBBF東京選手權男子健美優勝
2017年　JBBF日本級別選手權男子健美65kg級第2名
2018年　JBBF日本級別選手權男子健美65kg級第3名
2019年　JBBF日本級別選手權大賽男子健美60kg級優勝
　　　　IFBB「一體一路」世界大賽男子健美65kg級第2名

渋谷美和子

生於9月13日。神奈川縣出身。2014年因椎間盤突出臥床1個月，開始投入步行練習的復健，於2015年轉成肌力訓練。隔年2016年正式出戰競技比賽。

●主要成績
2016年　JBBF全日本選手權比基尼健美158cm以下級第5名
2017年　JBBF全日本選手權比基尼健美158cm以下級第6名
　　　　JBBF東日本選手權比基尼健美158cm以下級第3位
2018年　JBBF全日本選手權比基尼健美158cm以下級第2名
　　　　JBBF東日本選手權比基尼健美158cm以下級優勝
　　　　JBBF神奈川公開選手權比基尼健美綜合優勝
　　　　日本關島親善大會比基尼健美第2位
　　　　IFBB世界名人賽選手權出場
　　　　GOLD'S GYM MUSCLE BEACH優勝
2019年　SPORTEC CUP比基尼健美第3名
　　　　JBBF全日本選手權比基尼健美160cm以下級第2名
　　　　JBBF大錦標賽第7名

波多広大

生於1990年10月16日，兵庫縣寶塚市出身。從小開始學習空手道，18歲至22歲的期間，參與多場綜合格鬥技比賽，因格鬥技受傷為契機，從23歲轉以打造強健身體為目標，正式投入健美。2016年開始參與男子健體。

●主要成績
2016年　JBBF神奈川公開選手權男子健體172cm超級優勝
2017年　JBBF關東公開選手權男子健體176cm超級優勝
2018年　JBBF東日本公開選手權男子健體176cm超級第3名
　　　　日本關島親善大會男子健體全場第2位
2019年　JBBF東日本公開選手權男子健體176cm超級第4名

萩尾由香

生於8月22日，東京都出身。1992年起以健身教練身分教授有氧舞蹈、STEP、Hip Hop、Para Para、瑜伽、泰式瑜伽、Wave Stretch、功能性訓練等各種課程。為了提升其健身課程的說服力，於2012年起投入健美。2013年開始參與JBBF健身大賽。

●主要成績
2013年　JBBF健康美21小姐第3名
2014年　JBBF關東選手權Body Fitness Short Class優勝
　　　　JBBF東日本選手權Body Fitness Short Class第3名
　　　　JBBF健康美21小姐第3名
　　　　JBBF東京選手權Body Fitness第3名
2017年　JBBF全日本選手權Body Fitness Short Class第3名
2018年　JBBF全日本選手權Body Fitness Short Class第2名
　　　　JBBF東日本選手權Body Fitness Short Class優勝
2019年　JBBF日本公開選手權Body Fitness第3名
　　　　JBBF東京選手權Body Fitness Short Class第2名
　　　　SPORTEC CUP Body Fitness第3名

插圖（健身）：牧野孝文（makino design）
攝影：福地和男、BBM
設計：浅原拓也
編輯：藤本かずまさ（株式會社PUSH UP）
協助：吉田真人（株式會社BELLz）
攝影協助：WE ARE THE FIT

參考文獻
山口典孝著《筋力トレーニング解剖学》BASEBALL MAGAZINE社（2018）

SHASHIN TO CG ILLUSTRATION TAIHI DE MANABU KINRYOKU TRAINING KAIBOUGAKU ADVANCE！
© SATORU TOYOSHIMA 2021
© NORITAKA YAMAGUCHI 2021
Originally published in Japan in 2021 by BASEBALL MAGAZINE SHA Co., Ltd., TOKYO.
Traditional Chinese translation rights arranged with BASEBALL MAGAZINE SHA Co., Ltd., TOKYO,
through TOHAN CORPORATION, TOKYO.

8大肌群×60種專業級項目
阻力訓練分析全書
從健身新手到重訓選手都需要的科學訓練指引

2021年 9 月 1 日初版第一刷發行
2024年10月15日初版第三刷發行

著　　　者　豊島悟
監　　　修　山口典孝
譯　　　者　池迎瑄、高詹燦
編　　　輯　劉皓如
美術編輯　竇元玉
發 行 人　若森稔雄
發 行 所　台灣東販股份有限公司
　　　　　＜地址＞台北市南京東路4段130號2F-1
　　　　　＜電話＞(02)2577-8878
　　　　　＜傳真＞(02)2577-8896
　　　　　＜網址＞https://www.tohan.com.tw
郵撥帳號　1405049-4
法律顧問　蕭雄淋律師
總 經 銷　聯合發行股份有限公司
　　　　　＜電話＞(02)2917-8022

TOHAN

國家圖書館出版品預行編目資料

8大肌群×60種專業級項目 阻力訓練分析
全書：從健身新手到重訓選手都需要的科
學訓練指引 / 豊島悟著；池迎瑄, 高詹燦
譯. -- 初版. -- 臺北市：臺灣東販股份有限
公司, 2021.09
224面；14.8×21公分
ISBN 978-626-304-793-8(平裝)
譯自：筋力トレーニング解剖学アドバン
ス！：写真とCGイラスト対比で学ぶ

1.運動訓練 2.體能訓練 3.肌肉

528.923　　　　　　　　　　110012207